中国少年司法

2019 年第 4 辑 （总第 42 辑）

杨万明 主编

最高人民法院少年法庭指导小组 编

人民法院出版社

图书在版编目（CIP）数据

中国少年司法 . 2019 年 . 第 4 辑 ：总第 42 辑 / 杨万明主编 ；最高人民法院少年法庭指导小组编 . -- 北京 ：人民法院出版社，2021. 5

ISBN 978-7-5109-3023-2

Ⅰ. ①中… Ⅱ. ①杨… ②最… Ⅲ. ①青少年犯罪—司法制度—研究—中国 Ⅳ. ①D926. 8

中国版本图书馆 CIP 数据核字(2020)第 243858 号

中国少年司法　2019 年第 4 辑(总第 42 辑)

杨万明　主编

最高人民法院少年法庭指导小组　编

责任编辑　张　奎　**执行编辑**　杨晓燕

出版发行　人民法院出版社

地　　址　北京市东城区东交民巷 27 号(100745)

电　　话　(010)67550508(责任编辑)　67550558(发行部查询)

65223677(读者服务部)

客服 QQ　2092078039

网　　址　http://www.courtbook.com.cn

E - mail　courtpress@sohu.com

印　　刷　三河市国英印务有限公司

经　　销　新华书店

开　　本　787 毫米 ×1092 毫米　1/16

字　　数　193 千字

印　　张　11.75

版　　次　2021 年 5 月第 1 版　2021 年 5 月第 1 次印刷

书　　号　ISBN 978-7-5109-3023-2

定　　价　50.00 元

《中国少年司法》编辑委员会

执行编辑 岳　琳　江　媞

特约编辑

宋　莹（北京）　郝宝利（天津）　崔雪芹（河北）
董开宇（山西）　米继红（内蒙古）　赵英东（辽宁）
罗高鹏（吉林）　韩丽伟（黑龙江）　张世欣（上海）
吴万江（江苏）　郑晓红（浙江）　陈吉双（安徽）
江振民（福建）　刘晓云（江西）　罗　莹（山东）
韩　轩（河南）　武成凤（湖北）　伍玉联（湖南）
莫君早（广东）　吴莹（广西）　郑兰清（海南）
高　倩（四川）　张永成（贵州）　孙　杰（云南）
关　峰（西藏）　胡渡渝（重庆）　王琪轩（陕西）
袁亚伟（甘肃）　王新林（青海）　路　华（宁夏）
郭利柱（新疆）

為推進中國特色
社會主義刑事司法
制度作出新貢獻

二〇〇九年八月 王勝俊

目　录

【改革探索】

【理论研究】

【规范性文件】

【改革探索】

防治未成年人犯罪 需完善专门教育制度

宋英辉[*] 苑宁宁[**]

当前，《未成年人保护法》和《预防未成年人犯罪法》正在修订中。社会各界普遍关注未成年人不良行为、违法犯罪行为早期干预问题。由于未成年人处于人生中学习知识最重要的阶段，让心理行为偏常的未成年人既能接受教育矫治，又不中断文化知识的学习，为走向社会做好准备就成为题中之义。因此，专门学校（以前称“工读学校”）教育便成为最为重要的措施之一，也是修法的重点问题。

经调研发现，专门学校教育矫治违法犯罪的未成年人效果显著，转化成功率平均在90%以上，有的专门学校转化成功率达到98%以上。我国第一所工读学校——北京海淀寄读学校成立60年来，教育矫治轻微违法犯罪的未成年人共计9146人，转化成功率达95%。实践证明，建立专门学校是防治未成年人违法犯罪的有效措施。要充分发挥专门教育在防治未成年人犯罪方面的作用，应从促进社会治理法治化的高度进一步健全完善相关制度，使专门学校功能定位明确、入校程序合理，实现专门教育的保护和强制双重属性。

一、明确功能定位，解决运作混乱难题

长期以来，实践中对专门学校功能定位认识不一，导致专门学校的收生范围、入校程序、管理制度等较为混乱。

专门教育是国家教育体系独立而重要的组成部分。其功能定位在于：

---

* 北京师范大学刑事法律科学研究院教授。

** 中国政法大学法学院副教授。

通过专业方式方法对具有严重不良行为、轻微犯罪行为的未成年人进行教育矫治，包括心理辅导、行为矫正与法治教育等；阻断未成年人的不良社会交往，在一定程度上弥补家庭监护的缺陷或不足，促使未成年人恢复正常的社会化过程。虽然专门教育包括义务教育和职业教育的课程内容，但其本质与这两者并不一致。因此，应当明确，专门教育是国民教育体系中与义务教育、特殊教育、职业教育等相并列的独立组成部分。专门教育不同于也不应当隶属于义务教育，专门教育在功能定位、师资配置、经费保障、入校程序、学校管理、教学工作等方面应当保持符合其规律的差异。

二、关注行为人矫治保护，建立强制干预机制

专门教育措施具有保护属性。针对未成年人的严重不良行为或者轻微违法犯罪行为，世界许多国家都出台了与刑罚处罚有本质区别的多种教育矫治措施。这类教育矫治措施关注的是行为人，而不是危害行为，目的不是针对未成年人的危害行为进行处罚制裁，而是为了矫治行为人存在的心理行为偏常，促使其回归社会，避免再犯。我国建立专门学校，目的同样也是如此。

同时，专门教育措施也具有强制属性。当未成年人实施严重不良行为或者违法犯罪，家庭监护和一般的学校教育难以正确引导、规范时，就需要国家介入予以干预。因此，域外的教育矫治措施往往具有强制性。例如，法国、德国、美国、日本等国家均存在类似措施规定，符合一定条件时，相关部门可以决定将未成年人送入特定学校或者机构进行矫治，并予以强制执行。

在我国，存在大量留守、流动未成年人，家庭监护缺位或不当的问题比较突出，这也是引发未成年人违法犯罪的重要因素。因此，通过专门学校的专门教育解决这部分未成年人的教育矫治，及时对他们进行有效的教育感化挽救，就显得尤为必要。

三、入校程序合理化，实现专门教育“精准投放”

经调研，专门学校目前普遍存在“该进入专门学校的进不来、有些不该进入的却进来了”的问题，严重制约了专门教育的发展。所谓“该进入专门学校的进不来”，是指有些具有严重不良行为、家庭监护存在严重问题的未成年人，确有必要进入专门学校，但其父母拒不同意将孩子送专门

学校。所谓“不该进入的却进来了”，是指父母有责任心，但不知道如何管教孩子，主动把孩子送入专门学校，其实这部分孩子的问题，有些通过家庭教育辅导提升监护能力就可以解决，没有必要送专门学校。

《预防未成年人犯罪法》规定，专门学校实行“申请—审批”的入校程序，即监护人或者所在学校提出申请后，经教育行政部门批准，才能完成入校。然而，在实际执行过程中，由于教育行政部门不具有涉及人身自由的行政执法权，不能强制学生转学，实践中，入校程序演变为“三自愿”原则，即监护人、学生和所在学校均同意，才能送专门学校。而一旦监护人不同意（实践中监护人多数都不同意），有些确有必要送专门学校教育矫治的未成年人就无法进入专门学校，非常不利于及时地干预引导，导致其最后发展为严重犯罪。

因此，要最大程度地实现专门教育对未成年人犯罪的干预，只有修订相关法律，明确公正、合理且具有可操作性的入校程序。首先，专门教育具有一定的强制性，涉及人身自由的限制，送专门学校应由具有相应执法权或者司法权的机关来决定，不宜再由教育行政部门审批，这是法治的基本原则；其次，为了防止入校决定的随意性，应当设计一套公正的决定程序，在保障学生及其监护人的知情权的基础上，确保相关司法机关具有送专门学校的最终决定权；最后，决定应由由公检法机关在办案中直接作出，简化送校流程，保障送专门学校决定的强制性。

基于以上理由，建议专门学校入校程序如下设计：

1. 有严重不良行为的未成年人，需要送专门学校的，由公安机关决定。

2. 有犯罪行为但因不满十六周而不予刑事处罚的未成年人，需要送专门学校的，由公安机关、人民检察院、人民法院依托各自的处理程序依法作出决定。

3. 对于人民检察院作出不起诉决定需要观护帮教的未成年人、人民检察院作出附条件不起诉决定尚在考察阶段的未成年人、人民法院判处免予刑事处罚或非监禁刑的未成年人，人民检察院、人民法院可以依托各自的处理程序依法作出决定。

4. 作出送专门学校决定前，决定机关应当邀请相关专业人员进行评估，听取利害关系人的意见，必要时可以举行听证。

5. 公安机关、人民检察院、人民法院作出送专门学校的决定后，应当立即通知未成年人及其父母或者其他监护人、所在学校。父母或者其他监护人应当予以配合，所在学校应当办理相关手续。如果父母或者其他监护人不予以配合，由公安机关予以强制执行。

6. 对公安机关、人民检察院和人民法院作出的送专门学校的决定，未成年人或者其监护人不服的，可以依法申请复议复核。

少年司法社会工作的发展路径与前景展望

牛 凯*

自1899年美国伊利诺伊州颁布世界上第一部《少年法庭法》，并在芝加哥设立世界上第一个少年法庭以来，少年司法制度和少年权利保护逐渐受到国际社会的普遍关注，各国相继建立了少年司法体系。各国的少年司法制度虽因经济、政治、文化等方面的不同而有所差异，但万殊一辙，都倾向于在少年司法制度中注入更多的福利因素，司法目的由传统的惩罚和控制转向更符合少年生理、心理特点的康复与治疗，这正与社会工作助人、自助的宗旨不谋而合。少年司法社会工作将职业化关怀渗透到少年司法程序中，通过专业化方法，帮助矫正罪错少年的行为，调适少年与其家庭和社会环境的不良关系，整合资源，激励、指导志愿者，承认并挖掘少年自身潜力，为他们寻求各种资源，帮助他们摆脱不良境遇，体现了福利因素。社会工作介入少年司法领域，既不是二者的不期而遇，也不是少数人的先知先觉，而是世界少年司法制度发展的趋势，具有历史必然性。

少年司法社会工作就是运用社会工作的理念与方法参与司法活动，为涉罪未成年人提供专业服务的总称。目前，由于各国文化、国情上的诸多不同，对少年司法社会工作的服务范围、内容和方法的理解存在差异；无论是国际还是国内的社工界，对少年司法社会工作的服务内容尚未有明确界定。但不可否认的是，少年司法社会工作在实践中的服务空间非常广泛。例如，以少年司法的程序为依据，可以分为传统司法体系内服务和超司法体系服务，或狭义司法服务和广义司法服务。狭义的司法服务包括侦查、检察、审判、监所服务，广义的司法服务包括犯罪预防和社会观护、社区矫正服务、调解（刑事调解、家庭调解、社区调解）等服务。我国少年司法社会工作还处于探索发展阶段。近年来，随着国家重视程度的提高

* 中国审判理论研究会专职副秘书长。

和司法制度的不断完善，少年司法社会工作也渐有起色。少年司法社会工作主要有两种运行模式：一是有条件的地方以政府购买服务的形式，把社会力量引入少年司法；二是由司法机关主导向社会招募公益志愿者参与少年司法。其发展路径是试点与顶层设计相结合。我国逐步在上海、北京和昆明启动试点工作。在上海，政府出资购买社会工作机构的专业服务，使更多的专业人才加入预防和矫正青少年犯罪的事业中，积极推动司法保护与社会保护高度融合。在北京，作为首个致力于青少年司法服务的社会组织机构，首都师范大学少年司法社会工作研究与服务中心通过吸纳和培训专业司法社工人才，与检察院和看守所合作，在帮助犯罪青少年方面成效突出。在昆明，由盘龙区政府与英国救助儿童会合作，在司法程序中引入了“合适成年人”参与制度。“合适成年人”是指经过专业培训，适合做未成年人保护工作，为触法未成年人提供主动、无偿、积极服务，全程参与保护的司法社会工作者。这些“合适成年人”主要设在派出所，确保每个派出所有相对固定的“合适成年人”。据调查，65.4%的当地警察认为这一制度对于促进对未成年人的文明执法有明显或一定的作用。另外，2018年2月，最高人民检察院与共青团中央会签了《关于构建未成年人检察工作社会支持体系合作框架协议》（以下简称《协议》）。《协议》明确了合作重点，即完善未成年人司法保护、加强青少年法治宣传和犯罪预防、强化未成年人权益保护、推动完善相关法律和政策。《协议》提出，各级共青团培育扶持青少年司法类社会工作服务机构，建设专业社会工作队伍，协助开展附条件不起诉考察帮教、社会调查、合适成年人到场等工作；要借助社会力量，解决涉罪未成年人、有严重不良行为未成年人、未成年被害人及民行案件未成年当事人帮教维权方面实际困难；建立检察机关、共青团组织保护未成年人联动机制，健全未成年人行政保护与司法保护衔接机制；等等。《协议》可以看作是从顶层设计角度对少年司法社会工作进行的有益探索。

少年司法社会工作在我国的发展还处于起步阶段，从隔离到嵌入、互构、再到契合，只能说是万里长征走完了第一步。当前，少年司法社会工作存在的主要问题可以概括为六个方面：第一，少年司法社会工作还处于碎片化探索阶段，只有个别基层检察院与少年司法社会工作机构开展合作，并且只停留在审查逮捕、审查起诉及附条件不起诉阶段，在侦查、审判、监禁或社区矫正环节都是空白。第二，司法系统对社会工作的认知度和接纳程度比较低。尽管目前已经初步具备了少年司法社会工作的法制基础和政策规定，但没有得到很好的贯彻落实，甚至很多司法部门把社工看作中介派来的劳务派遣工，或是把社工当作社会团体里的义工。第三，少年司法社会工作缺乏足够的专业支持。司法社工区别于普通的青少年社工，服务对象为罪错的未成年人，需要社工本身具备一定的法学、社会学和犯罪心理学的理论基础，对社工专业性要求较高。在司法实践过程中，有时会产生与公、检、法等职能部门的具体要求脱节的情况。第四，经费得不到保障。社会工作是一个职业化的专业助人活动，需要给社会工作者提供一定的薪酬待遇，服务机构的维持和发展也需要经费支出。目前，我国有关部门对少年司法社会工作的重要性认识不足，缺乏统一明确的经费标准，不利于司法社会服务工作的长效发展。第五，心理矫治效果不足。香港理工大学陈沃聪教授指出："在传统以福利为导向的司法模式下，社工在康复较严重和复杂的青少年犯人的能力往往被过分高估。"各地在推动少年司法社会工作发展时，倾向于将社工描绘为灵丹妙药，这反而可能损害其长远发展。第六，没有形成对涉罪未成年人的就学就业帮扶机制。社工提供帮教服务过程中遇到的最大困难就是涉罪未成年人的就学、就业问题。很多涉罪未成年人被学校勒令退学。当这些涉罪未成年人被推向社会，由于文化程度低，缺乏相关技能，导致这些未成年人无处可去，无事可做，成为社会闲散人员，大大增加了其再次犯罪的风险。

展望未来的少年司法社会工作，法治化、一体化、制度化、专业化、信息化、国际化应当是其发展的方向。一是法治化。我国澳门特别行政区的相关立法确定了专业社会工作者及其相关机构在社会调查、专家证人、合适成年人参与、社会观护等制度中的权责，促进了社工专业与其他学科的跨专业合作，成效明显，可资参照。建议在相关法律修订中参考澳门特别行政区的相关规定，明确社工职权、职责，将少年司法社会工作纳入法治轨道。二是一体化、制度化。少年司法社会工作未来的发展，应结合未成年人的问题与需求、司法系统内部的转向处遇，提供更加全方位、细致化的服务。社工服务将与司法各部门实现分类、分流、分级的有机合作，真正关注未成年人的权益保护与发展需求，完善少年司法服务的转介与承接机制，切实发挥各配套制度的联动功能与作用，致力于形成保护合力机制，构建体系化的少年司法保护实践系统，实现少年司法社会工作服务一体化与制度化的目标。三是专业化。少年司法社会工作能否顺利实施，根本还是靠人才队伍。少年司法社会工作专业性强，对人力资源的要求较高，不仅需要有社会工作的专业背景，还需要有相关的法律知识。提升少年司法社会工作者专业能力建设，加强社工对已有实践经验的反思和改进，创新专业服务内容与形式，规范服务标准，提升服务能级，是少年司法社会工作发展的另一重点。四是信息化。在互联网、人工智能、大数据、云计算、区块链、5G等现代科技快速发展的大背景下，信息化对于增强少年司法社会工作的针对性和实效性，提高少年司法社会工作的科学化水平具有重要意义。加强少年司法社会工作信息化建设，要充分运用信息化手段和大数据分析工具，研究把握少年司法社会工作的特点和规律，提出有针对性的对策与建议。五是国际化。少年司法社会工作应坚持符合我国实际与借鉴国外有益成果相结合，既要准确把握国情，从我国的历史文化传统和社会经济情况出发，又要具有国际视野和世界眼光，本着“以我为主、为我所用”的原则，研究和借鉴国外少年司法社会工作的良好实践、成功经验和先进理念。以瑞典为例，从瑞典少年司法社会工作发展情况可以看出少年司法社会工作的发展离不开立法的保障、政策的支持，社会工作的自我发展与人才培养也十分重要。其工作模式有可能不完全适合我国国情，但从制度的建立和经验的积累上还是可以为我国少年司法社会工作的研究与发展提供一定的参考与借鉴。

少年司法社会工作是一项系统工程，教育挽救失足未成年人、保护未成年人合法权益，需要司法机关在加强自身建设的同时，不断加强横向和纵向联系，建立司法机关之间、司法机关与社会有关组织和人员的紧密联系，形成理念趋同、资源整合、衔接紧密、不断创新的少年司法借助社会专业力量的长效机制，促进少年司法社会工作不断发展。唯有如此，才能汇聚起少年司法社会工作的磅礴力量，向着“少年强，中国强”的奋斗目标迈进。

我国困境儿童福利保障体系的完善路径

家事法研究中心

前　言

2012年11月19日，贵州省毕节市七星关区5名留守儿童被发现在垃圾箱生火取暖时闷死；2013年6月21日，江苏省南京市江宁区2名女童因无人照看饿死家中，震惊全国；2015年6月9日，同样是贵州省毕节市七星关区有4名留守儿童在家中喝农药中毒身亡……频频发生的困境儿童权益受到极大侵害的恶性事件闻之无不扼腕叹息，激起社会广泛讨论，包括引起党中央高层领导的关注。我国困境儿童福利保障体系亟待进一步完善。

一、我国困境儿童的概念及分类

浙江省于2011年6月17日发布的《关于加快发展孤儿和困境儿童福利事业的意见》中首次明确提出“困境儿童”概念，即困境儿童是指流浪未成年人和因其他原因暂时失去生活依靠的未成年人。①

国务院于2016年6月13日发布的《国务院关于加强困境儿童保障工作的意见》中对困境儿童的概念进行了界定及分类：“困境儿童包括因家庭贫困导致生活、就医、就学等困难的儿童，因自身残疾导致康复、照料、护理和社会融入等困难的儿童，以及因家庭监护缺失或监护不当遭受虐待、遗弃、意外伤害、不法侵害等导致人身安全受到威胁或侵害的儿童。”

① 张文华：《首次明确提出“困境儿童”概念》，载 http://news.163.com/11/0811/05/7B5F5AFL00014AED.html. 于2019年5月19日访问。

二、我国困境儿童保护的现状及原因分析

习近平总书记强调："全社会都要了解少年儿童、尊重少年儿童、关心少年儿童、服务少年儿童，为少年儿童提供良好社会环境。"党的十八大以来，以习近平同志为核心的党中央对民生民政工作高度重视。

但是，我国目前对困境儿童保护的形势和任务总体上较为严峻，一些侵犯未成年人权益的恶性事件依然时有发生，不利于社会和谐稳定，成为全面建成小康社会进程中的突出问题之一。

从保护未成年人相关的立法不足角度出发分析发生上述恶性事件的原因，我们认为至少存在以下两个原因。

（一）保护未成年人的职责主体过于宽泛进而丧失实际执行与问责主体

《未成年人保护法》第六条第一款规定："保护未成年人，是国家机关、武装力量、政党、社会团体、企业事业单位、社会组织、城乡基层群众性自治组织、未成年人的监护人以及其他成年公民的共同责任。"尽管该条文明确了保护未成年人主体的共同责任原则，但也导致实践中"谁都有保护未成年人的职责，但谁都没有将保护未成年人的职责列为专门的职责和业务范围，其结果是保护未成年人'说起来重要，做起来次要，忙起来不要，出了问题找不到'"①。南京饿死女童案中2名女童长期缺乏有效监护的情况早已经为包括街道办事处、社区、民政、公安派出所等部门所知晓，但这些部门均未能采取有效的干预措施便是例证。

（二）困境儿童国家监护制度不健全

2012年修订的《未成年人保护法》依然只设有家庭保护、学校保护、社会保护、司法保护，没有设计"政府保护"或者"国家保护"的专章，各级政府及其相关部门保护未成年人的职责规定包含于"社会保护"一章中。② 不论立法者有何种考量，儿童在因为监护缺失、监护无力、监护不

① 姚建龙：《未成年人法的困境与出路——论〈未成年人保护法〉与〈预防未成年人犯罪法〉的修改》，载《青年研究》2019年第1期。

② 参见姚建龙：《未成年人法的困境与出路——论〈未成年人保护法〉与〈预防未成年人犯罪法〉的修改》，载《青年研究》2019年第1期。

能或监护侵害等陷入困境时，国家在这部未成年人保护的专门法律中尚未针对困境儿童构建系统完备的国家监护制度。

2017 年 3 月通过的《民法总则》正式确立了国家监护制度①，但规定较为原则性且条款数量不足，对监护监督、监护干预、剥夺监护资格后如何安置等具体内容均未提及。

三、我国困境儿童福利保障体系的完善路径

（一）推动《儿童福利法》立法提速

近年来，我国出台了一系列保护未成年人权益及福利保障的法律法规和政策措施，主要包括《民法总则》《未成年人保护法》《国务院关于加强农村留守儿童关爱保护工作的意见》《国务院关于加强困境儿童保障工作的意见》《国务院关于建立残疾儿童康复救助制度的意见》《最高人民法院、最高人民检察院、公安部、民政部关于依法处理监护人侵害未成年人权益行为若干问题的意见》等，② 但缺少一部专门的单行法律。全国人大常委会应当尽快制定《儿童福利法》，推动实现对困境儿童的救护由“补缺型”向“适度普惠型”的转变。③

《儿童福利法》体现的对未成年人保障的原则应当是以事前的预防和干预为主，具体而言，我们对未来相关立法的建议如下④。

1.《儿童福利法》应当坚持“强制报告制度”

采用列举加概括的方式明确发现未成年人权益被侵害之后的强制报告义务主体以及怠于履行该项义务的问责机制；接受报告的机构应当是当地民政部门的儿童福利和保护机构；⑤ 公安部门应当紧急处理群众或者机构报告的未成年人面临监护侵害、监护人丧失监护能力、怠于监护、监护不当、利用未成年人实施乞讨及其他违法犯罪行为使未成年人权益处于侵害

---

① 《民法总则》第三十二条规定：“没有依法具有监护资格的人的，监护人由民政部门担任，也可以由具备履行监护职责条件的被监护人住所地的居民委员会、村民委员会担任。”

② 大鹏：《法规建设：未成年人权益的坚实保障》，载《中国民政》2018 年第 11 期。

③ 《中国儿童发展纲要（2011—2020 年）》中将“扩大儿童福利范围，推动儿童福利由补缺型向适度普惠型的转变”作为主要目标。

④ 参见刘武俊：《必须为困境儿童撑开法律保护伞》，载《证券时报》2015 年 6 月 15 日。

⑤ 为贯彻落实《国务院关于加强农村留守儿童关爱保护工作的意见》，加强未成年人保护工作，民政部已于 2016 年 2 月正式成立未成年人（留守儿童）保护处。

及危险状态的事件[1]，协助配合儿童福利和保护机构的必要工作；司法部门还应当在儿童福利和保护机构认为有必要时为困境儿童提供专业的法律援助服务。

2.《儿童福利法》应当全面兼顾未成年人的各项权益

依据《未成年人保护法》第三条的规定，国家保障未成年人的生存权、发展权、受保护权、参与权等权利。根据《中国儿童发展纲要（2011—2020年）》将推动实现适度普惠型的儿童福利作为主要目标，因此现阶段侧重保护的是未成年人的受保护权；有条件的发达地区应当调整为探索普惠型儿童福利的发展目标，侧重保护未成年人的发展权和参与权。国家应当根据考虑困境儿童易受侵害和欠缺照料的特点给予特殊、优先保护，比如：针对特困、残疾、孤儿设立专项财政拨款给予补贴、救助；医疗保障方面能够让困境儿童有权享受到当地最高或者较高水平的医疗服务，获得医疗保险、手术、康复等方面的政策优待；教育保障上，困境儿童有权在中小学阶段获得较为优厚的教育资助和便利性支持；等等。

3.《儿童福利法》应当明确划分家庭、学校、社会、基层公共服务组织和政府的权责关系

家庭监护在未成年人保护和健康成长过程中始终处于最重要的地位，父母作为法定监护人应当发挥好保护未成年人的核心作用，强化监护责任意识、提高监护能力；学校作为未成年人受教育阶段主要的生活和学习场所，应当倾斜关注、了解并掌握困境儿童群体的发展动态，履行好预防、报告及协助义务；各类群团及社会组织应当发挥自身优势，广泛开展适合困境儿童特点和需求的关爱、帮扶、维权等服务，发挥儿童福利保障事业的示范带头和有益补充作用；乡镇街道、社区、村（居）委会作为基层公共服务组织应当负责做好困境儿童信息登记、监护监督，协助民政部门做好日常的评估帮扶和紧急情况下的监护干预工作；政府应该加强部门间的协作联动，承担起家庭监护失效、学校和社会因素不能有效介入时的兜底作用。保障民生、解决困境儿童生存发展问题是我们党和政府的应有担当。

4.《儿童福利法》应当明确监护责任落实的具体法律措施

针对因各种原因导致事实上父母监护缺失的困境儿童，司法部门和民政部门应当根据实际情况采取亲属抚养、社会组织养育、依法收养和政府

---

① 参见史奉楚：《强制报告让儿童保护更有力》，载《太原日报》2018年12月18日。

儿童福利机构救助保护的多元化解决措施，明确监护责任落实的具体法律措施之意义，一是能够明确对监护不力的主体追究责任，起到督促作用；二是尽力避免受侵害的儿童陷入二次监护不力的困境之中。

退一步讲，在人大尚未制定单行法之前，国务院应及时出台相关的《儿童福利条例》，尽快完善我国困境儿童福利保障体系，让人间悲剧不再重演，切莫等到侵害已经发生再去救助。

（二）政府应当推动专业社会工作人才和组织参与困境儿童福利保障工作

据北京青少年法律援助与研究中心主任、律师佟丽华赴美国纽约考察儿童保护的情况时发现，与国内基层民政部门专业的未成年人保护工作人员捉襟见肘相比，美国政府以购买服务的方式推动社会力量提供具体服务有效弥补了专业人才匮乏的状况。[①] 在专业社会组织和服务人员能够快速发展之下，更有助于科学地引导、推动、协调和指导儿童保护志愿者更好地发挥作用。[②]

在2016年6月13日发布并生效的《国务院关于加强困境儿童保障工作的意见》中将“鼓励支持社会力量参与”作为“建立健全困境儿童保障工作体系”的重要措施之一，前述具体政策有些规定的非常明确，但在实践中落实的情况并不是很好，各级政府及相关部门应当强化贯彻国务院意见的能力。

（三）将国家亲权确立为儿童福利保障的基本原则

强化国家监护的职责是有效实现未成年人福利保障的应有之义，随着国家经济发展水平和现代化治理能力的逐步提升，将国家亲权确立为未成年人福利保障的基本原则之一，有利于革新我国未成年人保护和福利保障的传统滞后观念，强化国家的未成年人福利责任思维，推动我国未成年人保护与福利制度的现代化。

国家亲权原则的含义有三：一是主张国家居于未成年人最终监护人的地位，负有保护未成年人的职责，并应当积极行使这一职责；二是强调国

① 佟丽华：《立法先行，还需制度和人才建设跟进》，载《中国社会报》2016年6月27日。

② 参见佟丽华：《保护留守儿童“务实管用办法”需要制度保障》，载《民主与法制时报》2016年6月2日。

家亲权高于父母亲权，即便未成年人的父母健在，但是如果缺乏保护子女的能力以及不履行或者不适当履行监护职责，国家可以超越父母的亲权，有权也有责任对未成年人进行强制性干预和保护；三是国家在充任未成年人的“父母”时，应当为了孩子的利益行事，即应以孩子的福利为本位。[①]

为贯彻国家亲权原则，应当在未来的与儿童福利保障相关的立法中规定政府各有关部门保护未成年人的基本职责，重点补充完善政府保障基本生活、保障基本医疗、强化教育保障、落实国家监护责任[②]、加强残疾儿童福利服务等基本责任和措施。[③]

结　语

当下，我国正处于全面建成小康社会的关键时期，完善我国未成年人福利保障体系，妥善解决困境儿童的生存发展困难的问题，预防和大幅减少触及社会心理底线的困境儿童恶性事件发生，构建一个适度普惠型的未成年人福利社会，既是党和国家不断追求的，也是社会各界殷切期盼的。

作为法律从业者，我们希望通过完善现行法律体系，倡导强化国家监护的职责以及呼吁国家支持更多的专业社会从业人才和机构参与，这三个方面的措施来实现对困境儿童监护权益和福利的长效保障机制，推动我国未成年人福利事业的发展。

限于篇幅，我们在文中尚未涉及并参考借鉴域外法关于未成年人福利保障的措施，对关于建立事前预防机制、健全监护监督机制、撤销监护人资格对未成年人如何安置的细化规定等问题并未更多展开，前述问题依然有待进一步研究，亦属于本文不足之处。

---

① 姚建龙：《权利的细微关怀》，北京大学出版社2010年版，第48～49页。

② 具体而言，包括对父母监护不力的监督监护、监护困难的救济监护、监护缺失的代行监护、监护侵害的撤销监护。福建省三明市中级人民法院课题组：《困境未成年人国家监护制度的健全》，法律出版社2016年版，第2页。

③ 参见姚建龙：《未成年人法的困境与出路——论〈未成年人保护法〉与〈预防未成年人犯罪法〉的修改》，载《青年研究》2019年第1期。

当前少年司法审判问题研究

彭章梅*

随着未成年人案件审判任务和社会形势的发展变化，从第一个专门审理未成年人刑事案件的合议庭到少年审判庭，我国少年司法经过三十多年的发展变革，在实践中探索发展，又将探索成果指导审判实务。涉未成年人的相关法律及司法解释搭建起了少年司法制度的基本框架并不断完善，少年审判司法机构的构建也从无到有，从上海长宁法院成立的第一个少年法庭，到现如今的全国2300多个少年法庭，发展趋势一路向好，并逐渐摸索出一条符合我国基本国情的具有中国特色的少年司法审判发展之路。尽管没有可供借鉴的经验，尽管一切从零开始，经过三十多年的发展，如今我国的少年司法审判成效初显。新时期新发展新作为，最高人民法院院长周强多次强调："新时期少年法庭工作只能加强，不能削弱。"虽然我国少年司法有了自己的法庭经验和范本，"他山之石可以攻玉"，一些英美法系国家的少年司法起步早，发展快，我们可以立足我国基本国情，借鉴他国先进经验，不断发展完善我国少年司法制度。本文通过对当前少年审判及法庭发展现状的分析研究，探索少年法庭、家事法庭发展走向之路。

本文在当前少年司法发展现状下，探索少年审判与家事审判的发展方向。少年审判应以对未成年人合法权益的特殊优先保护以及最大化保护为原则，本着"教育、感化、挽救"的方针，如未成年人圆桌审判制度，这与家事审判中对未成年人的合法权益最大化的保护理念是一致的，"理念相通"。上海长宁法院是少年法庭的发源地，先后建立了社会调查制度、法庭教育制度、帮教矫治制度、回访考察制度，家事审判中涉及未成年人的程序上在诉前进行社会调查，诉中寓教于审，诉后回访考察，"程序相

* 作者单位：四川省宜宾市高县人民法院。

近”。目前，我国现有少年法庭两千多个，培养了一批热爱少年审判工作的专业队伍，并整合了强大的社会力量，而这些丰富的审判力量和社会力量可以充分应用在家事审判中的与家事审判中，“资源共享”。所以，少年审判与家事审判因理念相通、程序相近、资源共享，强强联合是最为正确的发展方向。但少年审判具有特殊性，应该做好“和而不同”，即合在一起但各自保持内部的相对独立性，互不干扰，不干预对方的审判实务。

“青年兴则国家兴，青年强则国家强”，少年一代关乎国家和民族的未来，关乎中华民族的伟大复兴。少年审判是司法审判的重要部分，自1984年10月上海长宁法院首创少年法庭以来，我国少年司法审判经历了三十多年的变革和发展，从实践中摸索，从困难中突破，从突破中创新。改革发展之路向来都不是畅通无阻的，发展的路上总会遇到难以逾越的高山险阻，少年司法改革之路亦是如此。随着少年司法审判改革的深入，实践中不断涌现的问题，以及机构建设中存在许多阻挡发展去路的“拦路虎”“绊脚石”，本文对当前我国少年审判的发展现状以及未来的发展方向进行分析研究和探索。

一、当前我国少年审判以及少年法庭的发展现状

据统计，目前我国四级法院共计设立了少年法庭2300多个，几乎覆盖了各基层法院，但大多基层法院因案源少、员额法官数量少等原因未配备专职审判人员，少年法庭都是挂靠在刑庭或者其他庭室。少年法庭审理的案件既有涉及青少年犯罪的刑事案件（多为刑事案件），也有涉及青少年成长、抚养、收养、探视、继承、安全保护令的民事案件。

（一）少年刑事审判发展现状

谈到少年审判，脑海中首先浮现的可能是一幕幕失足少年在庭审中的场景。众所周知，少年法庭的发展，起源于少年刑事审判。少年刑事法庭多以圆桌会议的形式进行，近年来，各基层法院大力度加强少年法庭工作，法庭审理中以审判为中心，采取寓教于审的方法，工作重点在诉讼中、法庭上，庭前延伸进行社会调查，庭后延伸进行跟踪、回访、考察、帮教，充分体现了以审判为中心适度延伸的理念。庭审中注重法庭教育，采取针对性教育，法庭教育不流于形式。坚持“三个为主”的从轻量刑理念，即对可判可不判的，坚持以不判为主；对可轻可重的，坚持以轻判为

主；对可关押可不关押的，坚持以不关押为主。

（二）少年民事审判发展现状

少年民事审判作为少年案件审判工作的重要组成部分，经过几年的探索和研究，取得了一定成果，但与少年刑事审判相比，仍显滞后。主要表现在以下几个方面。

1. 案件数量偏少。少年民事案件数量因受案范围的限制，一直处于较低水平，审理案件作为支撑庭室存在的基本建构，数量的多少仍然决定着庭室存在的意义。可供复制的经验做法往往从审判实践中总结提炼而来，案件数量少，就意味着审判实务少，不利于审判经验的累积，也不利于少年法庭审判队伍的稳定和少年审判法官素质的提高。从长远来看，案件数量过少，不足以保证庭室的正常运行，无案可办显然与当前法院案多人少的总体局势格格不入，这无疑会影响少年审判工作的开展。

2. 少年民事审判受案范围不明确。关于少年民事审判受案范围，一直以来缺乏一个统一的认识。首先我们必须明确，少年法庭受理民事案件的标准是什么，即如何划分少年法庭与其他民事庭受理民事案件的范围。目前大多数少年法庭的受案范围包括：抚养费案件、变更抚养关系案件、少年伤害案件、少年财产纠纷案件等。对于涉及未成年子女抚养的离婚案件是否由少年法庭审理，各地做法更是不同。少年法庭的专业化建设离不开明确清晰的受案范围，一个民事案件由民事庭审理还是由少年法庭审理，必须要有一个界定的标准。

3. 少年民事审判队伍素质有待进一步提高。少年民事案件涉及民事审判的各个方面，既有人身关系案件，也有财产纠纷案件；既有侵权纠纷案件，也有物权纠纷案件。案由几乎涵盖民事审判的各个领域。这对少年民事审判法官提出了更高的要求。前文提到的，少年审判源于刑事审判，审理少年民事案件的审判人员大多是审理刑事案件的法官，缺乏少年民事案子的审理经验。由于少年案件审判工作起步于少年刑事审判，同时由于少年民事审判工作在少年法庭工作中属于从属地位，案件数量少，一些热爱民事审判工作的法官不愿留在少年法庭，造成人员流动性大，不利于少年民事审判工作的理论研究与探讨。

二、少年审判庭发展走向之思考

尽管大多数地区法院的少年审判庭以刑事“起家”，但家事法庭在预防少年犯罪中起着至关重要的作用。少年审判与家事审判在审判理念、审判方式上有类似的地方，比如都有社会调查员和监护人制度，都有追求利益最大化的原则，方法相通、理念相通，资源也可以共享，大有与家事审判合二为一的趋势。

从少年司法的长远发展来看，探索少年家事法庭的建设是一个适合中国国情的方案。要把我国少年法庭的优质司法资源与婚姻家庭案件充分结合起来，将少年案件与具有共同司法理念和司法程序的家事案件相结合，在一个法庭进行审理，成立少年家事法院。

（一）探索少年家事法庭的优势

1. 少年家事法庭可以有效缓解我国少年法庭案源不足造成的“生存危机”，即前文所述“机构挂靠”的问题。并且明确受案范围是民事案件中的家事案件，这在受案范围上有了清晰明确的界定，故不会发生因受案范围宽泛而造成未成年人综合庭“案多人少，未成年人审判特色难以保持”的问题。如此，不仅有以利于少年审判工作的开展，也有利于充分凸显未成年人审判特色。

2. 少年审判与家事审判的契合度——方法相通、理念相通，资源共享，为少年家事庭提供了条件和基础。少年审判重在“工作在庭外”，除了法庭审理以外，庭前的调查、延伸、心理干预、帮教工作等要做好做足，每个未成年人案件的工作量可能是几倍于一般的普通案，坚持“庭前、庭审、庭后”教育相结合，将“教育、感化、挽救”贯穿于整个审判过程，意义就在于让知足少年始终沐浴在少年司法审判的关爱之中。这与家事审判的审理理念是一致的，家事审判中侧重对双方当事人进行调解工作，加强对完整婚姻家庭关系的维护，在离婚案件中，始终秉持“宁拆十座庙，不毁一桩婚”的价值观念，劝和不劝离，尤其是针对有子女的家庭，更是从保护未成年人健康成长的角度来综合考量。可见，少年审判与家事审判的理念是相通的，都是出于最大限度地保护未成年人的合法权益。从我国未成年人司法发展历史以及国外未成年人司法发展历史来看，大多也是遵循了这一发展规律，将少年审判与家事审判合二为一，成立少年家事法庭。再者，现如今面对我国司法资源紧缺的情况下，成立少年家事法庭将有效整合我国的司法资源，最大限度地节约司法资源，做到资源共享，将有限的司法资源发挥最大的收益。如此看来，成立少年家事审判庭是大势所趋，是少年司法改革一条正确的发展之路。

3. 能够在一定程度上减少未成年人犯罪。从大多数未成年人刑事案例中，不难发现，未成年人被告人的心理发生了扭曲，未成年人的心理养成与其生长的家庭环境息息相关，如家庭关系不和谐、有家暴的家庭里成长的孩子心理也会受到严重影响，日积月累到某一个时间点突然爆发。因此，如果将少年案件和家事案件在一个法庭进行审理，便在妥当解决家事问题的同时也充分保障了未成年人的生活环境和谐健康，从未成年人犯罪的源头预防犯罪的发生，防患于未然。纵观其他国家少年法院的发展历史，将少年案件与家事案件合并在同一个法庭，是少年法庭理性的发展方向，是我国当下国情务实的选择。

（二）关于少年家事法庭的构建的建议

1. 受案范围的合理界定。在少年刑事案件中，《最高人民法院关于审理未成年人刑事案件的若干规定》第十条规定："少年法庭受理案件的范围：（一）被告人在实施被指控的犯罪时不满十八周岁的案件；（二）被告人在实施被指控的犯罪时不满十八周岁，并被指控为首要分子或者主犯的共同犯罪案件。其他共同犯罪案件有未成年被告人的，或者其他涉及未成年人的刑事案件是否由少年法庭审理，由法院院长根据少年法庭工作的实际情况决定。"可见少年刑事案件的受案范围是有相关法律明文规定的，而在少年民事案件中受案范围界定不明，没有一个确切的划分标准，这也是造成我国少年法庭生存困境的原因之一。由此观之，受案范围的合理界定是少年家事法庭有效运行的关键。这样一来可以解决少年家事法庭因案源不足而发展受限，二来合理的界分可以防止因受案范围无限制扩张而冲淡其特色。在少年刑事案件中，因少年刑事审判发展最早，已经形成了较为完善的审理制度，对于受案范围的界定也有明文规定，故此，应当继续沿用和保留。司法实践中，少年民事审判的受案范围包括：追索抚养费案件、变更抚养关系案件、未成年伤害案件、未成年财产纠纷案件等。关于少年民事审判的受案范围，最高人民法院于2009年以专项意见的形式发布了《关于进一步规范试点未成年人案件综合审判庭受理民事案件范围的通知》（以下简称2009年通知），将试点法院应当受理的案件范围规定为：（1）侵权人或者直接被侵权人是未成年人的人格权纠纷案件及特殊类型侵权纠纷案件。（2）婚姻家庭、继承纠纷案件，包括涉及子女抚养的同居关系析产、子女抚养纠纷；抚养纠纷（抚养费纠纷、变更抚养关系纠纷）；监护权纠纷；探望权纠纷；收养关系纠纷（确认收养关系纠纷、解除收养关系纠纷）；涉及未成年人继承权的继承纠纷。（3）适用特殊程序案件，包括申请确定未成年人的监护人案件；申请撤销未成年人的监护人资格案件。应当严格按照2009年通知的规定，对未成年人民事审判的受案范围进行科学界定，从保护未成年人的合法权益为出发点，以全面特殊保护为落脚点，以实质标准和形式标准对少年审判受案范围作如下划分：一是婚姻家庭纠纷，具体包括同居关系析产、子女抚养纠纷，抚养纠纷，监护权纠纷，探望权纠纷，收养关系纠纷；二是涉及未成年诉讼主体继承权的继承纠纷；三是未成年诉讼主体为侵权人或者被侵权人的人格权纠纷；四是物权纠纷，包括直接侵害未成年诉讼主体财产权的财产损害赔偿纠纷；五是债权纠纷，包括未成年诉讼主体为订立合同者本人的合同纠纷（医疗服务合同纠纷除外）、直接侵犯未成年诉讼主体合法权利的特殊类型的侵权纠纷；六是未成年诉讼主体与其所在单位发生劳动争议、人事争议的案件；七是与铁路运输有关的民事纠纷中直接侵犯未成年诉讼主体合法权利的铁路运输人身财产损害赔偿纠纷；八是其他应纳入少年审判的民事纠纷。以上最后一项为兜底条款。

2. 同类合并1+1>2。在法院机构中，不同的业务部门承担着不同的审判职能，众所周知，涉婚姻家事案件大多是民一庭办理，民二庭多为审理合同纠纷，当然没有固定的说法，只是根据司法实践中的普遍现象来看，那么民一庭成为构建少年家事法庭的模范再适合不过。而且民一庭一直从事家事等审判业务，审判人员拥有丰富的审理经验，可将累积的审判经验充分运用到审理少年家事案件上，必将发挥出最佳的作用，取得最显著的成效。所以，将民一庭与现有的少年法庭进行同类合并，成立少年家事法庭，经过整合以后，以前民一庭的法官便专门审理涉婚姻家庭等家事纠纷案件和涉未成年人案件。将民一庭以前审理的其他类型的案件移交给其他民庭如民二庭进行审理，再加上以前少年法庭审理的刑事行政类案件，便很好地解决了案源不足的发展障碍，少年法庭加入了民一庭带来的家事案件，民一庭亦纳入了少年法庭的民事、刑事、行政案件，起到了1+1>2的效果，从案源来说，这样的同类合并达到整合双赢的目的。当然，前文中提到，少年审判包括庭前的调查、庭审中的教育、庭后的回访等多个环节，少年家事审理案件的工作量是普通案件的几倍，鉴于此，对少年家事法庭工作的考核，以及家事法庭员额法官、审判辅助人员、书记员的考核应当独立出来，不能以同一套考核办法对少年审判法庭的人员，这样有失公平，应当主要以办案质量为考核核心指标，不能以案件数量来进行评价，但也不是说完全不考虑办案数量，这样不利于调动办案人员的工作积极性，只能说办案数量在考核体系中应当处于一个比较次要的位置，主要考评标准还应当是办案的质量。唯有这样少年家事法庭才不至于成为没有办案人员的空架子。才能提高审判人员投身少年司法事业的主动性和能动性，在少年司法发展这条道路上发挥自己的作用，助力少年司法向前不断发展。民一庭与少年法庭的合并这一模式是有其可行性和普及推广性的，为什么这么说呢？少年家事法庭所体现出来的先进理念和制度不应该仅存在于少数经济发达地区，虽然少年审判最早起源于上海，但是保护未成年人的合法权益应当是全国共同的目标，每一个地方的未成年人都应当得到同等的保护和关爱。“法律面前人人平等”，没有地域之分，没有高低贵贱之分。在我国 2012 年《刑事诉讼法》中，将未成年人犯罪的审理程序单列出来，这凸显了国家从法律制度层面的对未成年人的特殊保护，同时也是我国少年刑事审判三十几年发展的经验总结。但是在少年民事审判中还没有形成相应的法律法规，不能在法律空白面前就不知所措，可以在机构建设上进行设计，如进行庭室的合并。关于未成年人犯罪几乎各个地区都有发生，但部分偏远地区数量偏少，没有单独成立少年审判庭，但如果与涉婚姻家事纠纷的民一庭进行合并，成立少年家事庭，对一些基层法院而言，比单独成立少年法庭要容易得多。这样一来，成立少年家事审判庭，进行同类机构合并这一模式便能在全国普及推广开来。四级法院建立统一的机构，全国一盘棋，共同维护未成年人的合法权益，协力保护祖国的花朵。

性侵儿童犯罪的司法认定

汪　润　罗　翔*

近年来，性侵儿童犯罪案件多发，客观上推动着社会救济制度和性教育模式的革新。考虑到性侵发生场所的私密性、年龄尚幼的被害人易受实力控制、耻感文化根深蒂固等原因，仍有大量性侵儿童犯罪因未被及时发觉而欠缺有效惩治。即使进入刑事追诉，性侵儿童犯罪认定在实体和证据方面均存在困难之处，典型如性侵儿童时卖淫犯罪与强奸罪的法条关系如何处理，性侵儿童案件的证据究竟如何取舍，量刑时是否应该考虑儿童及其家属的谅解，对这些问题的回答，需要在解释学上对性侵犯罪的构成要件、罪名体系作仔细考察，在程序法上就证据审查、科刑考量作全面梳理，在立法论上对新型犯罪冲击形成的法律漏洞作及时填补。

刑法是法益保护的最后手段，如果刑法不能充分发挥制止不法行为最后一道防线的作用，将招致严重的社会不正义。正确的司法判决是刑法保护效果的最佳代言，同时是宣示刑法行为规范功能的最优展板。因此，笔者结合林某某猥亵儿童案（以下简称林某某案）、文某生强奸案（以下简称文某生案）、何某清等强奸案（以下简称何某清案）、康某猥亵儿童案（以下简称康某案）这四个实务案件，详细分析性侵儿童犯罪认定与处断应当坚守的正确规则，以期助益于刑事司法。

一、性侵儿童犯罪的罪名体系

我国现行刑法规制性侵儿童的罪名主要有强奸罪（奸淫幼女型）、猥亵儿童罪、针对儿童实施的卖淫犯罪、引诱幼女卖淫罪。理解这一罪名体系，需要注意以下两个方面。

* 作者单位：中国政法大学。

（一）所有性侵儿童犯罪侵犯的法益都是儿童的身心健康权利

没有争议的是，现代刑法已经彻底驱逐了将所有性侵犯罪的法益理解为贞操的观点。以强奸罪为例，现在的刑法通说认为，奸淫幼女型强奸罪的法益是幼女的身心健康权利，具体指幼女的身体和精神正常发育和健康成长的权利。[①] 同理，虽然儿童卖淫关联犯罪被规定在刑法分则第六章中，其侵犯的法益也依然是儿童的身心健康权利，国家对社会风尚的管理秩序只不过是附随法益。何某清案的判决意见充分体现了对儿童卖淫关联犯罪侵犯法益的正确理解，所作的裁判无疑具有指导意义。儿童的身体发育未达成熟，对性的看法也不够全面，过早发生性行为会对儿童的身心发展、三观养成产生重大不良影响。儿童的年龄越小，所处地位越弱势，越欠缺资源和能力走出性侵带来的身心伤害。事实上，性侵犯罪具备状态犯的特征，即性侵行为完成后身心健康的受损状态一直处在延续中。[②] 这种受损状态的弥补既需要社会参与，又要求法律介入，因此，《刑法》在此划定了一条性同意年龄线，将低于14周岁的儿童保护起来，不容染指。对于性侵不满12周岁的幼童，司法解释甚至创设了一种类似美国法定强奸罪的严格责任认定方法，行为人不得以年龄认识错误作为辩护理由。2015年《刑法修正案（九）》废除了颇受争议的嫖宿幼女罪，嫖宿幼女的行为一律以奸淫幼女型强奸罪论处，从而解决了对嫖宿幼女罪与奸淫幼女型强奸罪罪刑严重不均的问题。嫖宿幼女时幼女对发生性行为表示同意，但修改后的《刑法》确认这一同意在规范意义上无效，从而默认了“幼女无性同意能力”这一正确观点，肯定了性侵儿童犯罪所侵犯的法益是儿童身心健康，而不是性自由权利或其他。

（二）所有性侵儿童犯罪都不考察儿童是否同意

性侵犯罪是典型的违反被害人意志的犯罪，因此，性侵犯罪中的被害人同意可以阻却构成要件符合性。[③] 但当被害人是儿童时，不需要再具体

① 高铭暄、马克昌：《刑法学》，高等教育出版社2019年版，第461页。

② 贾健：《强奸究竟侵犯了什么？——作为通说的“性的自主决定权”法益之检讨》，载《法律科学》2018年第5期。

③ ［日］前田雅英：《刑法总论讲义》，曾文科译，北京大学出版社2017年版，第216页。

考察儿童是否同意，只要性侵行为存在，性侵犯罪即告成立。即使在特定场合，儿童主动要求发生性行为，也不影响性侵犯罪的认定。这背后的理由是法律家长主义和禁止剥削原则。

法律家长主义是指法律要像家长一样对公民，尤其是认知能力有缺陷的公民加以保护。家长主义从出现之始就带着反对者的误解和偏见，毕竟家长主义听起来太强势了，很容易使人联想到传统家长制下无视子女个人意志的控制与压迫。以美国为例，较高的性同意年龄会对未成年人性自主权造成不当限制这一观点从未缺席于美国各州法定强奸立法的全程，但主流观点一直是“各州有义务保护未成年人免受他人和他们自己的伤害”①。

事实上，家长主义承认自主决定权和个人自治的空间，允许个人自由处分自身利益，只是在这种自由处分将不可避免地导致个人利益严重受损时，家长主义才会出于保护处分人利益的考虑禁止这种处分自由。② 尤其是针对有意志瑕疵的自主决定进行限制或干预的“软家长主义”，完全尊重意志健全情形下的自主决定，因此，不仅没有限制自由，反而尊重和保护了自由。③ 事实上，真正能给人带来幸福的往往是自身享有的那些消极自由，而限制儿童的性自由恰恰确保了他们性利益不受侵犯的消极自由。“法律的目标是保护未成年人免受现实条件对性自由的剥夺，而非教导他们如何行使自己的性自由。”④

此外，如果允许儿童享有完全不受限制的性自由，一定会导致强者利用弱者的自由对弱者进行残酷的剥削。这一结论可从卖淫犯罪的入罪化得以验证，卖淫区别于强奸猥亵的关键是卖淫者自愿同意出卖性利益。对于卖淫者本人，出卖性利益属于行使处分自由，在不涉及公共和他人利益（如传播性病）的场合，刑法不加干涉。但刑法对于协助、强迫、组织、引诱、容留、介绍卖淫予以严厉打击，这几乎覆盖了围绕卖淫活动展开的所有行为。除了有维护社会管理秩序的考量，也部分因为卖淫犯罪带有剥削性质。尤其在促使未成年人卖淫的场合，这种利用弱者自由和强者优势进行的剥削达到了社会底线道德难以容忍的程度，所以《刑法》规定组

---

① State v. Barlow, 630 A. 2d 1299, 1300 (Vt. 1993).

② 黄文艺：《作为一种法律干预模式的家长主义》，载《法学研究》2010年第5期。

③ 孙笑侠、郭春镇：《法律父爱主义在中国的适用》，载《中国社会科学》2006年第1期。

④ Stephen J. Schulhofer, “Taking Sexual Autonomy Seriously: Rape Law and Beyond”, in 11 Law&Philosophy. 35 (1992).

织、强迫未成年人卖淫的，从重处罚；引诱幼女卖淫的，成立情节加重犯。毫无限制的自由会走向放纵，当反对法律家长主义干预的观点鼓吹人生而自由时，不要忘了“人无所不在枷锁之中”，主张儿童也应该有处分性利益的自由时，必须记得“自以为是其他一切的主人的人，反而比其他一切更是奴隶”①。禁止剥削原则在相关法律文件中亦有体现。《最高人民法院、最高人民检察院、公安部、司法部关于依法惩治性侵害未成年人犯罪的意见》（以下简称《惩治性侵未成年人意见》）第27条规定：“已满十四周岁不满十六周岁的人偶尔与幼女发生性关系，情节轻微、未造成严重后果的，不认为是犯罪。”这背后的原理其实就是，特定未成年人之间的性关系本身不存在剥削性质，所以《刑法》不加干涉。

二、卖淫犯罪与竞合处断

如前所述，《刑法修正案（九）》对卖淫犯罪的罪名体系作了大幅度调整，删除嫖宿幼女罪，但是保留了引诱幼女卖淫罪。有学者对这一保留进行批判，认为这造成了一个关于幼女性同意能力的悖论，即非卖淫幼女对性行为的同意无效，而被引诱卖淫的幼女对性行为的同意有效，② 因而主张废除引诱幼女卖淫罪和其他涉及促使幼女卖淫关联犯罪。笔者赞同这一主张，但不赞成“性同意能力复活”这一理由。原因在于，这一悖论的产生是对卖淫关联犯罪行为模式的误解。卖淫的本质是围绕性服务的交易，对于儿童卖淫犯罪而言，交易双方分别是促使卖淫者和嫖客，儿童堕落为一种商品。因此，儿童卖淫犯罪的打击重点是将儿童异化为商品的促使卖淫行为，促使卖淫者的积极作为（组织、强迫、引诱、介绍）和消极不作为（容留）都是将儿童视为实现交易目的的手段。简言之，儿童从来不是性服务交易的一方主体，儿童的性同意能力始终被法律规范否认，③ 不存在儿童关联犯罪中儿童性同意能力复活的问题。真正的问题是，最高人民法院、最高人民检察院2017年公布的《关于办理组织、强迫、引诱、容留、介绍卖淫刑事案件适用法律若干问题的解释》（以下简称《办理卖淫

---

① ［法］卢梭：《社会契约论》，何兆武译，商务印书馆2005年版，第4页。

② 苏雄华、冯思柳：《淫促者性侵幼女的刑法规制研究——基于124份判决书的实证分析》，载《江西社会科学》2019年第1期。

③ 周啸天：《“组织、强迫、引诱幼女卖淫”规定再解读》，载《华东政法大学学报》2016年第2期。

刑案解释》）在解释卖淫犯罪刑法条文情节严重时交叉使用了“未成年人”与“幼女”这对概念，给卖淫犯罪的罪名关系带来至少三个解释难题。

首先，《刑法》第三百五十八条第二款中的未成年人是否包括幼女？换言之，强迫幼女卖淫的，根据《办理卖淫刑案解释》，属于强迫卖淫情节严重，此时能否同时适用《刑法》第三百五十八条第二款？另外，《办理卖淫刑案解释》对组织卖淫罪的情节严重没有列举组织幼女卖淫这一情形，那么组织幼女卖淫的，能否认定为情节严重？

其次，由于《刑法》只规定了引诱幼女卖淫罪，没有规定容留、介绍幼女卖淫罪，《办理卖淫刑案解释》同样没有将容留、介绍幼女卖淫作为严重情节加以规定，于是容留、介绍幼女卖淫的能否认定为容留、介绍卖淫罪的情节严重？

最后，所有的幼女卖淫关联犯罪，如何与奸淫幼女型强奸罪保持协调？《刑法》第三百五十八条第三款是否明示排除了促使幼女卖淫行为构成强奸罪的可能？

何某清案的分析意见已经察觉到了上述问题，尤其是最后一个问题，分析说理从儿童卖淫关联犯罪的法益出发展开，最终得出关联犯罪应统一以强奸罪共犯论处的结论。应当说这一分析思路很有问题意识，笔者也赞成将儿童卖淫关联犯罪侵犯的法益理解为儿童的身心健康权利的观点，但最终得出的结论不够细致，关联犯罪是否全部属于强奸罪共犯还值得讨论。其实对于上述三个难题的解决，应该注意以下三点。

（一）所有卖淫犯罪的法条和司法解释中的未成年人都包括幼女

从文义上看，未成年人是幼女的上位概念，将未成年人解释为幼女不存在文义障碍。如果认为未成年人不包括幼女，由于《办理卖淫刑案解释》没有将组织、容留、介绍幼女卖淫作为认定情节严重的列举事项，对于组织、容留、介绍幼女卖淫的，恐怕只能处以基本犯刑罚，导致对幼女的保护出现疏漏。将卖淫犯罪法条和司法解释中的未成年人都解释为包含幼女，于是《刑法》第三百五十九条第二款便应理解为对第一款后段情节严重的注意规定，只不过在强迫、引诱幼女卖淫的场合，司法解释对强迫、引诱的幼女数量不作要求。而在组织、容留、介绍幼女卖淫的场合，司法解释要求组织、容留、介绍一定数量的幼女卖淫才能构成情节严重。

另外，为了防止重复评价，组织、强迫幼女卖淫的，如果已经被评价为情节严重，便不能再适用《刑法》第三百五十八条第二款。

（二）在促使卖淫者明知促使对象是幼女的场合，幼女卖淫关联犯罪与强奸罪之间成立想象竞合

根据责任主义，行为人必须对所促使对象是幼女具有认识。如果促使卖淫者明知促使卖淫的对象是幼女，在嫖客也明知提供性服务者是幼女时，促使卖淫者成立强奸罪（奸淫幼女型）的帮助犯和相关促使卖淫犯罪的想象竞合。在嫖客不知提供性服务者是幼女时，促使卖淫者成立强奸罪（奸淫幼女型）的间接正犯和相关促使卖淫犯罪的想象竞合。竞合机制充分发挥了想象竞合的明示机能，充分评价了行为人的犯罪行为，还能确保罪刑均衡。如果促使卖淫者在促使卖淫行为之外，与促使对象发生性行为的，无论促使对象是否同意，促使卖淫者均成立强奸罪（奸淫幼女型）与相关促使卖淫罪，数罪并罚。这样的竞合处断不违反《刑法》第三百五十八条第三款，因为该款规定的数罪并罚针对的只是组织强迫者作为强奸罪直接正犯的场合。而上述分析表明，组织强迫者完全可能成立强奸罪的帮助犯或间接正犯。正是在这个意义上，何某清案的分析意见需要微调分析结论，因为间接正犯不是共犯，并且依然有数罪并罚的可能。

此外，何某清案的分析意见认为在促使幼女卖淫案件中，应该用强奸罪共犯来取代相关卖淫犯罪的认定，理由是如果认定卖淫相关罪名，会导致幼女陷入可怕的标签效应中。笔者不赞成这样的理由。首先，前文已经分析，在现有的促使幼女卖淫犯罪中幼女并不是性交易的主体，只不过是促使卖淫者与嫖客之间交易的工具，正是这种把幼女工具化、商品化的行为对幼女的人格尊严、身心健康造成极大摧残，增添了幼女卖淫犯罪的不法色彩。在祛除了嫖宿幼女罪之后，现行法并不是导致幼女被污名的元凶，幼女的污名化需要在社会层面寻找原因。退一步说，即使以强奸罪共犯完全取代卖淫犯罪认定，如果不改变社会歧视性的贞操观，同样可能招致对幼女的贴标签现象。其次，担心幼女背上卖淫女的标签，从而主张舍弃卖淫犯罪的适用无异于因噎废食。因为奸淫幼女型强奸并不必然比促使卖淫犯罪重，根据《人民法院量刑指导意见》，奸淫幼女一人的量刑幅度是四年至七年有期徒刑，而强迫一名幼女卖淫就属于强迫卖淫情节严重，量刑起点是十年有期徒刑，并且可以附加财产刑。在这种场合自动舍弃卖

淫犯罪的适用，反而对幼女保护不力。最后，该观点忽视了卖淫犯罪利益追逐性这一本质，需要相应的财产刑予以对应，如果完全放弃卖淫犯罪的适用，便无法附加财产刑。

（三）在促使卖淫者确实不知所促使对象是幼女的场合，只能成立相关的促使卖淫犯罪

如果促使卖淫者确实不知所促使对象是幼女，则促使卖淫犯罪与强奸罪无法竞合，只能追究相关促使卖淫犯罪的刑事责任。另外，由于促使卖淫者对幼女不存在认识，所以不能适用关于幼女的情节严重列举事项，否则等于采取严格责任，违反责任主义。鉴于所有的行为人都会以“我确实不知对方是幼女”来为自己辩护，因此可以参考《惩治性侵未成年人意见》第19条，即对不满12周岁的被害人，一律认定行为人明知对方是幼女，对于已满12周岁不满14周岁的被害人，需要结合其发育、言谈、衣着、举止，通过观察能合理推断被害人是幼女的，也认定行为人明知对方是幼女。

三、性侵儿童犯罪的科刑考量

《刑事诉讼法》规定的和解制度本来限于邻里纠纷引发的轻微刑事案件和过失犯罪案件，但由于宽严相济刑事政策的出台和倡导，被害人谅解作为酌定量刑情节的适用范围不断扩大，隐隐有“事实上的法定化”之势，甚至死刑案件中也存在广受承认的“赔钱减刑”现象。① 在性侵儿童的案件中，由于儿童容易受自身素质和外部条件掣肘，本人作出的谅解不应该与成年人之间在充分协商基础上作出的谅解同样对待。

首先，儿童在受侵害后基于谅解获得补偿本属应当，但这种补偿不是换取从轻或减轻处罚的对价，否则难免会造成“有钱人更容易摆脱刑事追诉”的乱象，有悖社会正义。从刑法法理上讲，法益侵害在行为时就已经产生，事后的金钱赔偿、物质补偿、赔礼道歉对法益侵害的轻重、违法性的大小不产生影响，反而是行为人应当承担的法定或道德义务，是犯罪人必须承担的不利后果。这些不利后果与刑罚一起构成了社会共同体对抗犯罪行为的防御机制。这一机制下，刑罚是对犯罪行为最严厉、最直观的负

① 尚海明：《善终、凶死与杀人偿命——中国人死刑观念的文化阐释》，载《法学研究》2016年第4期。

面评价，同时社会共同体通过社会评价对犯罪行为施加道德谴责，督促行为人尽可能弥补自己行为给被害人带来的伤害。刑罚的报应效果通过自由刑和财产刑的履行实现；社会的防御手段则通过行为人真诚悔罪、充分赔偿损失实现。因此，主动赔偿寻求谅解本来就是行为人承担作为犯罪后果的社会责任的义务之一，对作为法益侵害评价的刑罚轻重不产生影响。《刑事诉讼法》确立和解制度主要是为了节省司法资源，提高诉讼效率，所以应将和解制度严格控制在轻罪和过失犯罪的场合。《最高人民法院关于贯彻宽严相济刑事政策的若干意见》依然是将该酌定量刑情节限定在民间纠纷激化引起的犯罪中，由于双方均有过错且事出有因，被害人谅解往往意味着纠纷得以缓和，故而不需要动用刑罚，从而节省执法成本。文某生案的分析意见正确地指出：性侵儿童并非民间矛盾引发的犯罪，而是严重违反社会治安的犯罪，故而要从严把握被害人谅解作为酌定量刑情节的适用。

其次，性侵发生后，被害人父母或其他监护人的谅解不能等同于被害人谅解。尤其是亲生父母送养、过继儿童给被告人抚养、监护的场合，由于儿童遭受侵害本就与不负责任、不加鉴别的送养行为存在直接因果关系，故而被害人近亲属的谅解更不宜作为从轻或减轻量刑情节。传统的父权制下，幼女受到性侵后存在“婚姻豁免条款”，只要行为人娶被害人为妻，即可不被追诉。这种立法例将女性作为家庭的私有财产看待，对幼女的侵犯就是对家庭私有财产的侵犯。社会进步浪潮将这一错误观念驱逐出文明国家的法律体系，强调性侵就是对儿童本人的损害。同理，被害人父母秉持“家丑不可外扬”的观念，希望拿钱事了的做法同样是将被害儿童视为需要被修复的家庭财产。因此，被害人父母的谅解不能作为酌定量刑情节。

最后，争取谅解的必须是行为人本人，由行为人近亲属代为争取的谅解不能作为酌情量刑情节。在文某生案中，积极赔偿、寻求谅解的始终是文某生的近亲属，文某生不仅没有主动赔礼道歉，甚至对家属的赔偿过程也全然不知，在这样的情形下，承办机关依然认定成立被害人谅解并从轻处罚，甚至适用缓刑，明显不妥当。从《刑法》禁止代为自首、代为立功的规定和实践也可以看出，刑罚减轻事由应当由行为人本人争取，才能减轻其预防必要性。

四、性侵儿童犯罪的证据审查规则

性侵儿童犯罪有着极为特殊的证据构成。一方面，由于案发时间相较侵害发生为晚，这类犯罪的客观证据，尤其是在性侵犯罪中证明力最强的生物证据缺乏，并且行为人往往使用非暴力手段，故身体伤害证据亦不显见；另一方面，性侵儿童发生的场合极度隐蔽，缺少目击证人，大量存在的只有传闻证据和一对一的被害人陈述，犯罪嫌疑人往往拒不认罪，缺少强有力的口供。[①] 由于我国刑事诉讼实践采取的是较为严格的刑事印证规则，在无其他有独立来源的证据对被害人及其利害关系人陈述进行补强的情形下，定罪便出现难题。[②] 此外，相当多的研究表明，遭受性侵的未成年人更容易陷入心理创伤，具体表现为过度警惕、举止不合逻辑、很难放松、紧张且怀有敌意。[③] 处于这种状态下的被害人常常作出前后不一甚至矛盾的叙述，甚至对于性侵的关键细节呈现出"剧本记忆"特征，即被害人出于自我保护拒绝主动回忆案件细节，可能回忆起的往往是那些显著偏离"剧本"的事件，因此，未成年人尤其是儿童的陈述常常缺乏细节，且呈现出试探性的特点。[④] 所以许多国家相继放宽了对遭受性侵的未成年被害人陈述的证明力要求，对于未成年人前后陈述不一、报案不及时、撤回起诉后重新起诉等在一般刑事诉讼中显著影响证据证明力的情形，未成年人陈述依然有机会得以采信。因此，在性侵儿童案件中，应当借鉴其他国家的刑事证明模式，革新我国传统的强印证模式。以下三点值得特别注意：

第一，儿童被害人的心理症状固然不能直接证明性侵实际发生，却可以用来反驳被告人对被害人证言不具证明力或证明力偏弱的抗辩。由于其他因素也可能造成心理创伤的症状反应，例如家庭暴力、父母不和睦、校园霸凌等，因此，这些反应不能用来直接证明性侵的发生，但对于儿童心理症状的科学分析并非毫无用处。如果被告人提出儿童陈述前后矛盾、对询问反应迟钝，因而证言不具有证明能力的抗辩，法官可以援引科学分析结论，甚至允许相关专家证人出庭，表明作出证言时儿童的心智正常，从而弥补证言的证明力。

---

① 向燕：《性侵未成年人案件证明疑难问题研究——兼论我国刑事证明模式从印证到多元"求真"的制度转型》，载《法学家》2019年第4期。

② 龙宗智：《印证证明新探》，载《法学研究》2017年第2期。

③ lenny Pearce, Child Sexual Exploitation: Why Theory Matters, Bristol University Press, Policy Press (2019) p. 154.

④ 向燕：《论性侵儿童案件中被害人陈述的审查判断》，载《环球法律评论》2018年第6期。

第二，综合考察儿童被害人的陈述是否符合其认知水平，是否契合一般人的生活经验，是否能结合陈述时间、地点、细节作出合理的逻辑判断。除了受潜在创伤的不利影响，儿童受限的表达能力往往也会制约其陈述的可采性，因此需要审判者具备儿童视角，代入儿童的认知水平、表达能力，设身处地地思考被害人陈述是否合乎一般人的生活经验。这就需要审判者勇于进行逻辑判断，得出合乎生活规律的结论，这个行使自由心证的过程在处理性侵儿童案件中十分重要。康某案的分析意见正确地指出，在除被害人陈述之外欠缺其他直接证据的场合，如果存在间接证据合乎经验地对被害人陈述进行补强，审判者就应当采信被害人陈述。

第三，被告人的品格证据值得参考。如果被告人的先前行为是后续性侵的预备行为或者与后续性侵具有相似性，例如，持有儿童淫秽图片、观看儿童色情视频等，则可以证明被告人对后续性侵有足够的动机或准备，从而大幅补强被害人陈述的证明力。[①] 根据证据法的一般原理，品格证据一般不得作为证据使用。《美国联邦证据规则》第 404 条规定，被告人的性格特征不得用来证明其在特定场合实施了符合该性格特征的行为，被告人的先前犯罪行为、不道德行为亦不得用来证明被告人具有某种导致类似行为的性格特征。[②] 但是在性攻击罪和剥削儿童的场合，被告人先前的类似犯罪行为，典型如持有儿童色情物品，可以作为证据使用，只不过检察官要及时履行披露义务。[③] 我国刑事司法应该借鉴这一规则，争取尽可能多的客观证据。当然，为了保障被告人的辩护权，应当对其提前告知或送达证据清单，听取被告人的辩解。由于这些与后续性侵行为相关的先前准备和动机是存在于被告人心中的事项，外人无从确知，于是被告人负有提出先前行为与性侵无关的说服责任，否则将承担败诉的风险。[④]

我国部分地区的司法实践已经有意识地进行了取证和证明规则上的调整。林某某案就体现了这样的缓和，被告人林某某利用教师身份性侵七八岁女学生，但林某某拒不认罪，且被害儿童表达能力有限，对性侵犯无准确认知，欠缺其他客观证据直接或充分印证被害人陈述，证据构造十分不利于犯罪追诉。承办机关主要围绕报案经过、证据收集程序的合法性、主

---

① U. S. v. LeMay 260 F. 3d 1018 (9th Cir. 2001).

② Federal Rules of Evidence Rule 404, 28 U. S. C. A.

③ Federal Rules of Evidence Rule 413, 414, 28 U. S. C. A.

④ 罗翔：《犯罪构成与证明责任》，载《证据科学》2016 年第 4 期。

观言词证据的真实性展开审查，并运用经验法则对全案证据综合评判，最终以猥亵儿童罪追究林某某的刑事责任。这种经验判断符合常情常理，例如对林某某“用手深入学生背部是为了给学生试探体温”“搂抱学生是因为觉得学生比较可爱”的辩解，不符合一般人关于正常师生关系的经验判断，故不得采信。在康某案中，康某在宾馆房间内对不满12周岁的男童进行猥亵，由于发生场所私密，没有其他人员在场，故直接证据只有男童的陈述。承办机关同样利用经验判断寻找与案件有关的间接证据补强孤立的直接证据，最终以猥亵儿童罪判处康某有期徒刑四年。例如，康某与被害人的聊天记录中多次出现淫秽词语，以及52.1元、13.14元等数额具有暗示性的红包，被告人对性病的网络搜索记录和病历单等证据能够合乎经验地推断性行为的发生。另外一些案件中，即使被害人的多次陈述前后不一致，但对案件事实主要部分、重要细节的陈述符合其心理认知和记忆特征，具有客观真实性，在被告人零口供的情形下依然能认定强奸犯罪成立。

五、性侵儿童犯罪的漏洞填补与法网完善

在对现行法关于性侵儿童犯罪的法律体系、司法实践进行解说之后，笔者认为，我国现行性侵儿童犯罪制裁体系依然存在不足，经过刑法解释论也无法加以有效填补，便只能承认存在法律漏洞，需要合适时机进行立法填补。具体包括以下几点：

（一）现行法对遭受性侵的男童疑似保护不足

由于我国《刑法》并未完全采取性别中立立法技术，导致对女童和男童的保护存在梯级差异。首先，与男童性交的行为只能评价为猥亵儿童罪，等于将性交行为降级评价为猥亵行为。其次，猥亵儿童罪的基本刑最高不过五年有期徒刑，即使存在《刑法》第二百三十七条第二款的加重情节，最高也只能判处十五年有期徒刑。这与奸淫幼女型强奸罪相比存在一定差距。最后，卖淫犯罪中对男童的保护也存在疏忽。因为前文的分析表明，司法解释对强迫、引诱幼女卖淫的不作人数限制，而强迫、引诱男童卖淫则必须达到一定的人数才能认定属于情节严重。康某案的分析意见正确指出，由于刻板印象将男童塑造成不易成为性侵犯罪受害人的形象，男童接受的性安全防护教育相对匮乏，所以需要法律加以保护。众所周知，

男童的发育往往较同龄女童为晚，遭受性侵对身心健康的影响并不弱于女童。因此，《刑法》需要就男童权益保护作出适当调整。

（二）现行法无法解决养成型性侵难题

我国《刑法》将性同意年龄划定在14周岁，但司法实践中出现了一种新型的养成型性侵案件，使得这条刚性十足的性同意年龄线受到挑战与质疑。养成型性侵，是指行为人为攫取性利益，同时规避与未满14周岁幼女发生性行为的入罪风险，故意收养幼女并在教养过程中进行精神控制、心理影响，待被害人满14周岁后实施性侵。由于发生性行为时被害人已满14周岁，其性同意能力已经得到了《刑法》的确认，便需要在个案中具体审查被害人是否同意。一方面，几乎所有行为人都会以“我以为被害人同意了”来为自己辩护；另一方面，不断逼问未成年人案发细节以查明其是否同意也很容易造成二次伤害。现行法显然不利于处理养成型性侵。同时，《刑法》具有行为规范的性格，如果《刑法》对这类特殊案件毫无作为，无疑默许潜在行为人通过钻法律空子的方式攫取性利益，将严重侵犯未成年人合法权益。对于这一难题的解决，大致有几种意见。

第一种处理意见是求诸作为强奸罪手段行为的其他方法。尝试将养成型性侵理解为利用其他手段，从而发挥兜底规定弹性强、解释空间大的优点，将不太好直接认定为强奸罪的情形纳入其中，但这种方案不符合学界关于其他方法的通说。通说认为作为强奸罪手段行为的其他方法是指暴力胁迫以外其他使被害人不知反抗、不敢反抗的方法，典型如用药麻醉或用酒灌醉。[①] 也不符合司法实践将其他手段理解为造成或利用被害人无意识状态实施性侵的通常做法。第二种处理意见是主张提高性同意年龄，提高到16岁或18岁甚至21岁。理由有我国性教育体制落后、大部分域外立法规定的性同意年龄高于我国刑法规定的14周岁等。这种处理意见最大的问题是将青少年儿童化，与青少年的性自由权利存在冲突，容易将大量本属于正常交往过程中性的探索纳入刑罚圈。[②] 第三种处理意见是缓和提高性同意年龄，具体而言，维持14周岁性同意年龄不变，同时增设利用从属信赖关系型强奸罪，在存在从属关系、信赖地位、权力支配的场合，考虑到

① 高铭暄、马克昌：《刑法学》，高等教育出版社2019年版，第461页；张明楷：《刑法学》（下册），法律出版社2016年版，第870页。

② 赵军：《“自愿年龄线”与儿童性权利的冲突及协调》，载《刑法论丛》2014年第3卷。

优势地位方对未成年人的潜在控制和影响，例外地将性同意年龄提高到18周岁。笔者赞成第三种处理方案，因为该方案既充分吸收了司法解释精神，对刑法稳定性的冲击最小，又能针对法律漏洞作出有效回应。

（三）现行法欠缺针对受性侵儿童的科学救济机制

现行法关注的重点是对性侵儿童行为的打击，对受侵犯儿童的救济有所欠缺，没有形成科学规范的体制机制。前文提到，性侵犯罪具有状态犯特征，性侵行为完成后，身心健康的受侵害状态一直在持续中。对性侵行为人的刑事追诉，民事索赔只是弥补被害人损失的起点，而不是终点，研究表明，性侵儿童犯罪的再犯率较高，这也能解释为何《惩治性侵未成年人意见》明确规定对性侵未成年的被告人一般不得判处缓刑，因此，必须加强对性侵行为人的再犯预防。2016年，浙江省慈溪市司法机关颁布了《性侵害未成年人犯罪人员信息公开实施办法》，对曾性侵未成年人的行为人，在刑期届满或假释缓刑期间，通过政府门户网站、微信公众平台、微博等渠道公布该行为人信息，方便公众查询，该办法被称为中国版的《梅根法案》（Megan's Law）[①] 尽管这一举措引发了社会防卫与隐私权保护的争议，但笔者依然认为在性侵儿童犯罪预防问题上，慈溪市做了非常有益的尝试，在时机合适时可以考虑在全国范围内普及。

法律必须谦卑地倾听民众朴素的声音，对于性侵儿童案件，《刑法》必须有所作为，但法律也要超越民众固执的偏见，刑事制裁不能张扬无度。因此，找寻并保持法益保护与人权保障、个人自由与家长主义，建构理性与经验理性，权利论与义务论之间的合理界限尤为重要。性侵儿童案件的特殊性决定对现行法律的适用应当重视法网的严密性，避免会导致明显漏洞的刑法解释。性侵儿童案件独特的证据构造要求司法工作人员采取灵活性的取证手段、缓和化的证明规则，充分发挥经验判断、逻辑推演的功能。对于新型的性侵案件，刑法也不能坐视不理，应该在实证研究的基础上找寻最佳的解决方案，在合适时机将该方案纳入刑法之中。刑法不能改造人的性格，也很难重塑社会道德，但良善的刑法能向社会传递一种尊重人性尊严、拒绝物化他人的正确价值观，这也是法治社会必须坚守的底线价值。

---

① 田刚：《性犯罪人再次犯罪预防机制——基于性犯罪记录本土化建构的思考》，载《法论坛》2017年第3期。

【理论研究】

少年与家事审判融合发展路径探寻

——以湖北省襄阳家事审判实践为视角

湖北省襄阳市中级人民法院调研课题组

近年来，湖北省襄阳市两级法院（襄阳市中级人民法院和10个基层法院）受理的家事案件逐年递增，[①] 而家事案件中数量最多的为离婚纠纷案件。[②] 不同于其他民事案件，家事案件兼具人身性、情感性和财产性等特性，这些案件（特别是离婚纠纷案件）往往会涉及对子女相关权益的分配和处理，如学者所言，随着家庭的发展变化与社会制度、人口政策、经济转型和观念变革，家事案件的处理难度不断增大，而我国家事纠纷解决机制有所萎缩，这直接导致家事审判面临着巨大的压力和挑战[③]。另有学者指出，我国的当事人主义模式不利于家事审判的顺利开展，这主要有三个方面的体现：一是当事人主义模式要求当事人自己举证，但家事案件当事人收集的证据往往难以清晰反映当事人之间的情感和婚姻家庭关系状况；二是家事审判本身承载着一定的社会和行政职能，而当事人主义模式导致家事审判难以建立有效的社会联动机制；三是当事人主义模式可能会忽略家事案件的人身性，未成年子女只会成为案件的“客体”，其权益可

① 以近三年为例，湖北省襄阳市两级法院2016、2017、2018年受理的家事案件数量分别为7220件、7913件、7987件。

② 2016~2018年，襄阳市两级法院共受理了家事案件22050件，其中离婚纠纷（含离婚后财产纠纷）案件为18872件，占比85.59%。

③ 参见胡云腾：《少年家事审判改革的社会背景和问题导向》，载《中国青年社会科学》2016年第5期。

能会被漠视。① 因此，为提升家事审判的法律和社会效果，增强对未成年人权益的有效保护，是推进家事审判改革的必然要求。襄阳市两级法院都意识到了这一问题，便陆续推进少年和家事审判融合发展。其中，宜城市人民法院于2017年率先试点改革，推进家事审判与少年审判的融合，将原“未成年人案件综合审判庭”更名为“家事少年审判庭”；此后，襄阳市中级人民法院也迈出了少年和家事审判融合发展的改革步伐。

一、推进少年与家事审判融合发展的现实意义和内生性根基

事实上，不单是襄阳市中级人民法院和宜城市人民法院，福建、上海、江苏、山西等诸多省市法院都开启了推进少年与家事审判融合发展的改革之路。这项改革不仅是“摸着石头过河”的尝试，其背后还有深厚的理论基础作为支撑。

（一）推进少年与家事审判融合发展的现实意义

1. 深入推进司法制度创新的重要体现

如前所述，由于家事审判涉及婚姻家庭关系和未成年子女，故其承载着重要的社会和行政职能。由于未成年人关乎着国家的未来，故家事审判会直接影响到未成年人乃至整个国家的利益。

自党的十八大以来，以习近平同志为核心的党中央把促进少年儿童事业发展放在了更为突出的位置，提出要不断推进理论创新、制度创新、实践创新。为了更好地践行这一精神，我国高度重视对未成年人的司法保护。如最高人民法院院长周强强调要求“加强少年司法，保护未成年人健康成长”，要“坚持‘特殊、优先保护’司法理念，以促进未成年人健康成长为根本目的，切实加强未成年人司法保护”②；最高人民法院原常务副院长沈德咏指出，“要坚持少年审判专业化方向，总结实践经验，巩固改革成果，闯出一条能充分体现中国特色社会主义制度优越性的少年司法发展之路；要坚持理论探索和实践创新相结合，加强少年司法理论研究，尊

① 参见厦门大学法学院课题组：《福建法院创建“家事法庭”的探索与实践》，载《东南司法评论》2016年。

② 参见罗书臻：《周强在加强少年司法专题座谈会上强调：加强少年司法 保护未成年人健康成长》，载《人民法院报》2017年5月26日。

重基层首创精神”[①]。如前所述，推进少年与家事审判融合发展，是很多省市区法院在探索少年司法改革路上的选择，也是在党和国家政策方针的指导下，深入推进司法制度创新的重要体现。

2. 传承少年法庭优势和实现家事审判专业化的需要

长期以来，我国司法的偏刑化导向使得未成年人司法的发展始终难以摆脱案源不足导致的生存困境。以襄阳市为例，在2016~2018年，襄阳市两级法院总共受理的涉少案件为436件，而且涉少案件数量逐年递减。[②]少年综合庭的创立在一定程度上缓解了“少审庭”的生存困境，但基层法院普遍存在办案力量与诉讼数量之间不平衡的困局，导致“少审庭”的专业特点渐呈流失之态，擅长处理少年案件的专业法官不得不承担大量的分流案件。涉少民事、行政案件受案范围难以明确的局面，以及少年、家事审判机构名称不统一等问题，也在实务中导致少年审判工作的对接与联动面临诸多窘境。结合我国现有的国情考虑，构建独立的少年法院或家事法院不仅存在诸多无法克服的障碍，[③]也是对现有的审判资源与社会联动机制的搁弃。反之，充分整合少年审判与家事审判的优质司法资源，将具有共同司法理念的少年案件与家事案件融合在同一审判平台进行审理，不仅能够解决少审庭因案源不足而导致的生存危机，避免已经形成示范效应的未成年人审判工作失去特色；也有助于发挥现有审判团队的专业优势与集群效应，导入特色工作机制、共享社会联动资源，促进家事审判的专业化与优质化发展。[④]

3. 促进未成年人利益最佳保护的需要

我国已经加入《儿童权利公约》《联合国少年司法最低限度标准规则》《联合国预防少年犯罪标准规则》《保护被剥夺自由少年规则》等国际公约，这些国际公约都要求实现对未成年人利益的最佳保护，对上述公约作

① 参见曹雅静：《沈德咏在全国法院少年法庭改革方向和路径研讨会上强调：坚持以习近平新时代中国特色社会主义政法思想为指导推动新时代少年法庭工作实现新发展》，载《人民法院报》2018年6月1日。

② 2016~2018年，襄阳市两级法院受理涉少案件数量分别为201件、145件、90件。

③ 何燕：《论少年家事法庭的建构——一种中国式路径的思考》，载《烟台大学学报（哲学社会科学版）》2014年第3期。

④ 参见厦门大学法学院课题组：《福建法院创建“家事法庭”的探索与实践》，载《东南司法评论》2016年。

出回应并将其作为制度建构的根基是我国不应回避的义务。①

要实现未成年人利益的最佳保护，需要贯彻两个基本的原则：一是把握公正审判原则，做好少年保护与家庭环境维护有机统一；二是把握柔性司法原则，将少年犯帮教与家庭问题调解有机统一。我国刑事审判中的未成年人保护机制已经相对完善，但在民事审判中，未成年人保护问题仍有空白地带。例如，在离婚、抚养权纠纷中，父母与子女有各自独立的利益，二者并不完全一致，未成年人也需要为自己的利益发声。但未成年人应以何种形式参与诉讼、由谁代表其利益、是否有相关的监督保障机制，立法上仍需进一步完善。在未成年人民事司法场域内，少年审判与家事审判的融合，对于贯彻未成年人最佳利益原则助益明显。

（1）有利于从根源上预防未成年人犯罪问题。司法实践证明，少年案件多发的真正原因往往源于家庭的分崩离析，“为解决少年问题，就必须认识到离婚后婚姻关系双方的人际调整、对子女的抚养以及财产分割等问题的重要性，并将之纳入法院的考虑范围。”② 将少年事件与家事事件合并在同一法庭进行审理，有助于通过家事问题的妥适解决维持未成年人生活环境的健康与秩序，从而缩减少年犯罪诱因的发生。这种司法路径的选择不仅可以有效控制少年犯罪，而且能够防患于未然，从根源上预防少年犯罪的发生。

（2）有利于解决家事案件中的子女安置问题。在实践中，不同法院、不同法官对家事纠纷的处理方式往往不尽相同，子女抚养问题应当优于财产分割问题的重要地位难以突显，未成年子女的心理修复工作也往往湮没在处理家事纠纷的喧嚣之中。涉少家事案件的特殊处理，能够降低程序能力的门槛，实质性地保障未成年人的法定听审请求权。从制度层面打造以未成年人利益保护为先的司法空间，通过诉前心理干预、诉后回访制度等，确保在解决家事纠纷子女安置问题、抚养问题、探视问题的过程中，充分贯彻未成年人最佳利益原则。

在未成年人民事司法场域内，少年审判与家事审判的融合，对于贯彻未成年人最佳利益原则助益明显，利于将法院、家庭、学校、社会整合至

① 参见厦门大学法学院课题组：《福建法院创建“家事法庭”的探索与实践》，载《东南司法评论》2016年。

② 参见陈爱武：《论家事审判机构之专门化——以家事法院（庭）为中心的比较分析》，载《法律科学》2012年第1期。

统一的未成年人保护机制中来。

（二）推进少年与家事审判融合发展的内生性根基

之所以要推进家事审判与少年审判的融合发展，是因为二者之间存在着内生性根基，具而言之，二者之间不仅存在理念上的共通性，而且在具体的的制度趋同和程序存在着诸多相容之处。

1. 少事审判和家事审判存在着共通的理念

由于少年审判和大部分家事审判都涉及未成年人，具有较强的人身性，同时承载着社会和行政职责，因此，二者都以“未成年人最佳利益保护”为基本遵循。为了实现未成年人最佳利益的保护，少年审判和家事审判天然地存在诸多理念上的契合，如二者都遵循“国家亲权”（parens patriae）理念[①]；此外，少年审判和家事审判都坚持柔性司法理念[②]，即二者不仅追求法规范期望的满足，同时追求社会的回应性。

2. 少事审判和家事审判的制度趋同和程序相容

在共通理念的指导下，少年审判和家事审判相关制度和程序的设计上也存在诸多相似之处。

（1）相较于其他案件而言，法院在处理涉少案件和家庭纠纷案件时更倾向于采取调解等替代性纠纷解决机制（图1反映的是2011~2016年全国家事纠纷案件和其他类型案件一审调解比率对比情况），其主要目的在于避免给未成年人造成二次伤害。

---

① “国家亲权”一词源自拉丁文，根据《布莱克法律词典》的释义，它是指国家对儿童和其他法律上无行为能力人享有一般的监护权。国家亲权具有三个层面的内涵：其一，国家是少年的最终监护人，国家应当积极履行保护少年的职责；其二，国家亲权应当超越父母亲权，在父母无能力履行、不积极履行或者不适当履行其对子女的监护职责时，父母亲权应当让位于国家亲权；其三，国家在履行“父母”责任时，应当将少年的利益置于首位。参见肖姗姗：《少年司法之国家亲权理念——兼论对我国少年司法的启示》，载《大连理工大学学报（社会科学版）》2018年第4期。

② 柔性司法理念是指，在保证司法在律令、程序、执行等基本“硬件”刚性的前提下，以有利于社会长治久安，营造社会和谐伦理氛围为其终极价值追求的司法理念。它是一种与司法和谐密切相关的理念。参见冯源：《家事司法专门化的路径与选择》，载《学术论坛》2018年第4期。

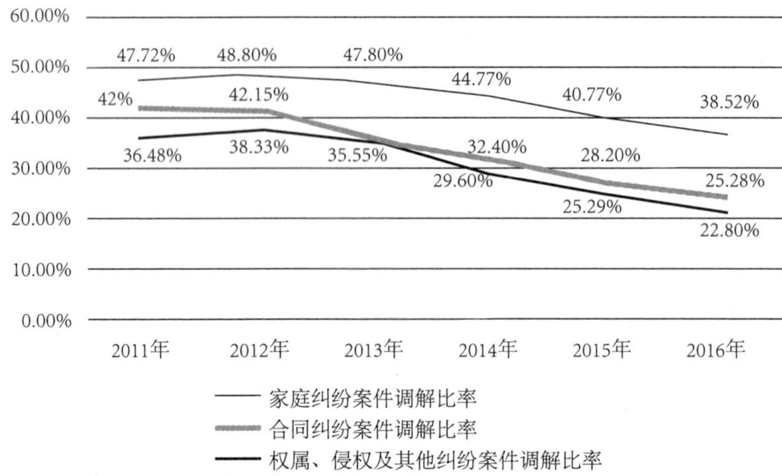

图1　2011～2016年全国法院民事一审案件调解比率统计图

数据来源：图中数据根据《中国法律年鉴》（2012/2013/2014/2015/2016/2017年）公布的数字计算得出，计算公式为：X类案件调解比率＝X类案件调解数/X类案件结案数

（2）相较于其他类型案件的审判而言，少年审判和家事审判的双方当事人的对抗性相对降低，少年法庭、家事法庭（合议庭）往往会在其工作中与政法委、关工委、检察院、公安局、司法局、民政局、妇联、团委等单位或机构建立联动机制，而且会对未成年人设计定期回访等延伸性工作。①

（3）少年审判和家事审判可能都涉及未成年人的健康成长问题，故很多涉少案件和家事案件都不公开审理，这也是二者在程序上的共同之处。

（三）小结

由于少年审判和家事审判在案件的处理理念相同，以及相关制度和程序存在相容之处，故少年审判和家事审判进行融合存在内生性根基。在进一步深化司法体制改革的背景下，要促进少年司法和家事审判的改革，将二者进行融合不仅具有必要性，而且具有可行性。

① 参见厦门大学法学院课题组：《福建法院创建"家事法庭"的探索与实践》，载《东南司法评论》2016年。

二、襄阳市推进少年与家事审判融合发展的司法实践

襄阳市两级法院在推进少年与家事审判融合发展方面作出了巨大的努力。在襄阳市，最早推行少年和家事审判融合的法院是宜城市人民法院（以下简称为“宜城法院”）：早在1988年，宜城法院就成立了独立建制的少年审判庭；2012年7月，宜城法院成为全省首个“未成年人案件综合审判试点法院”，将原“少年审判庭”更名“未成年人案件综合审判庭”；2017年6月，宜城法院被确定为全省家事审判方式改革试点法院，将原“未成年人案件综合审判庭”更名为“家事少年审判庭”，将家事纠纷范围内的离婚纠纷、抚养费纠纷、法定继承纠纷等27种类型划归家事少审庭审理。2017年8月，宜城市人民法院制定《宜城法院家事审判工作规程》，制定了关于家事案件财产申报、感情冷静期、调解委员会、家事调查员、少年家事调解员、心理疏导、人身安全保护令、案后关护等方面的规范性文件，统一规范工作流程和裁判尺度，积累探索家事审判自身规律。将涉少刑事审判中的社会调查、圆桌审判、心理矫治等工作机制纳入涉少民事及家事审判维权范畴；在少年刑事审判中把家事审判中的公益性、人伦性、关联性、修复性理念引入其中，逐步形成了与少年审判特色模式并行的家事审判特色运行模式，实现两翼齐飞。可以说，宜城法院在推进少年与家事审判融合司法实践中，形成了独特的“宜城模式”，该模式也形成了“襄阳司法品牌”。后来，这一模式被襄阳市中级人民法院所采纳。

（一）“宜城模式”的工作机制

“宜城模式”的工作机制可以分为三个层面的内容：一是“四轮驱动”的主体格局，二是“大少审”的受案范围，三是“七步”审理法。

1. “四轮驱动”的主体格局

为了更好地推进少年与家事审判的融合发展，宜城法院设立了“四轮驱动”的主体格局，为少年和家事审判专门性建设开拔远航奠定了良好的基础。“四轮驱动”主体格局主要是指：“一把手”工程统领、“伞式审判团队”、完善的家事审判配套设施和多元纠纷化解平台。（见图2）

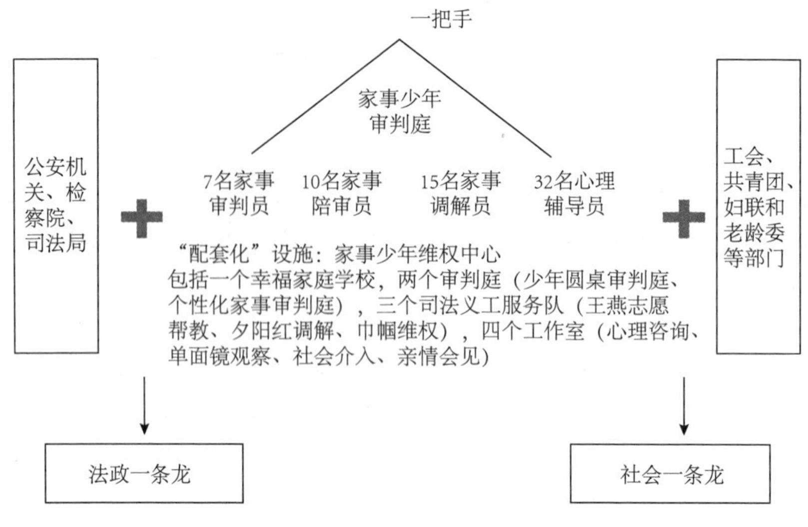

图2　“宜城模式”的“四轮驱动”主体格局

（1）“一把手”工程：宜城法院成立了家事审判改革领导小组，由院长任组长。该改革领导小组负责制定《宜城法院家事审判方式和工作机制改革实施方案》，并建立工作专报制度。

（2）“伞式审判团队”：宜城法院推出了既能整合审判力量，又能便民利民、高效化解矛盾、上下整体联动，形成工作合力，达到深度融合的“伞式家事审判团队”，即实行以家事少年庭为中心、以五名法庭家事法官为工作支点，依托七名家事法官，推行专业化审判理念、建立“家事法官工作室”“家事纠纷调解室”。该“伞式审判团队”建立了良好的案件归口统计制度和互动机制，充分整合了审判力量。

（3）完善的家事审判配套设施：宜城法院借鉴国内先进的少年家事审判理论成果和实践经验，积极实现突破和创新，建成了符合家事司法特殊规律的家事审判法庭和相关配套设施。如已建成的“家事少年维权中心”，该中心设有一个幸福家庭学校、二个审判庭（少年圆桌审判庭、个性化家事审判庭），三个司法义工服务队（王燕帮教志愿服务队、夕阳红调解服务队、巾帼维权服务队），四个工作室（心理咨询室、单面镜观察室、社会介入工作室、亲情会见室）。

（4）多元的纠纷化解平台：构建以法院为主导、多方参与、各司其职、各尽所能、有机衔接、配合运作的多元化纠纷解决体系。一是与宜城市民政局建立诉前纠纷化解平台、建立司法确认对接机制、建立“反家庭暴力临时庇护所”；二是与宜城妇联、婚姻家庭调解委员会建立了长期固定的协作方案，家调委人员兼职法院人民陪审员，参与案件审理；三是与公安机关建立人身安全保护令的执行协作机制；四是与司法局建立联合培训机制、家事纠纷矛盾调处机制、家事调查员选任工作机制，定期对家事调解员进行业务培训，从优秀律师中选任家事调查员；五是与老干局下属的老年大学成立“夕阳红调解志愿队”，邀请老干部们进社区对婚姻、赡养案件进行调处；六是与宜城“阳光义工”组织成立“心理咨询沙龙”，全面引入心理咨询干预机制；七是与团市委开展“青春志愿者手拉手”活动，团市委指派志愿者与法院联合开展法律“六进”活动，参与家事案件回访和未成年人帮教活动。多元纠纷化解平台主要工作任务是当好轴心，连接起由公、检、法、司等办案单位共同维权的“政法一条龙”；紧紧连接起由工会、共青团、妇联和老龄委等部门共同参与的“社会一条龙”，“两龙共舞”相互配套，构建以法院为主导、多方参与、各司其职、各尽所能、有机衔接、配合运作的多元化纠纷解决体系。

2. “大少审”的受案范围

家事少年庭的案件审理范围：（1）刑事案件：涉及被告人是未成年人、被害人是未成年人、立案时不满20周岁的刑事被告人。（2）民事案件：①婚姻案件及其附带产生的家庭案件：离婚、婚姻无效、婚姻撤销、附带案件包括监护权、子女抚养费、离婚后财产分割等；②抚养、扶养及赡养纠纷案件；③亲子关系纠纷案件，包括确认亲子关系、否认亲子关系；④收养关系纠纷案件；⑤同居关系纠纷案件，包括同居期间的财产分割、非婚生子女抚养等；⑥继承和分家析产案件；等等。

3. “七步”审理法

“宜城模式”在少年和家事审判融合发展工作中，也创新性地探索出了“七步”审理法，其主要内容如下：

（1）诊疗式审判。采取“一对一情感评估”和交流询问诊疗方式，区分危机婚姻和死亡婚姻。对危机婚姻，共同制定“夫妻情感修复方案”并入卷存档，根据修复期情况，作为第二次离婚诉讼是否准许离婚的重要依据；对死亡婚姻，请心理咨询师介入，化解子女抚养、老人赡养、财产分割等纠纷，切实依法保护未成年人、妇女和老年人的合法权益。

（2）前置调解。对起诉到法院的案件，先委托当事人所在地的调解组织，进行有限度的前置调解，然后予以司法审查和依法确认。

（3）三级预警。对口头提出家庭暴力的，由法官进行口头三级警告；对提出证据不足的暴力行为的，由承办法官和当事人所在单位或社区共同进行口头二级警告；对证据充分、后果严重的家庭暴力案件，发出人身安全保护令，实行一级警告。

（4）心理疏导。家事少年维权中心与妇联、阳光义工协会、炎黄心理咨询协会签约共建“家事纠纷心理疏导工作室”。每周三派驻一至两名专业心理咨询师，参与法官案件审判“会诊”，将心理疏导融入案件审理之中。定期举办“幸福家庭讲座”邀请案件当事人进行旁听。

（5）联络沟通。建立以信息技术为基础的新型家事审判联络沟通机制，不断推行无纸化诉讼模式、电子文书送达、远程视频开庭系统等信息沟通。

（6）特殊运用。针对家事案件具有人身性、伦理性、私密性等特点，在审判中推行特殊运用。在裁判文书说理上，注重法理与情理相融的内容阐述、表述方式、内在逻辑、语言层次说理；在诉讼特殊证据上，权衡当事人双方的诉讼能力差异。

（7）适度干预。在家事少年案件审判中，宜城法院灵活运用职权干预，较好解决离婚案件中未成年子女抚养权或监护的归属，不与子女共同生活的一方抚养费支付等问题，尤其是对离婚案的生产经营无形财产，进行申报后调查核实，以纠正部分当事人在起诉前有意识地转移、隐匿夫妻共同财产的做法，确保家庭财产理清分割的公正有效，有力保护弱势群体合法权益。

（二）“宜城模式”取得的成效

1. 襄阳市各法院对“宜城模式”予以高度评价

目前，在襄阳市采取了“宜城模式”的法院有宜城法院和襄阳市中级人民法院。为全面了解采取“宜城模式”的两个法院在推进少年与家事审判融合工作的相关情况，课题组设计了问卷进行了匿名调查（问卷参见附件1）。在接受调查的人员中，43.48%的人员从事过或者正在从事少年与家事审判，其中，90%的受调人员认为团队所从事的少年与家事审判工作取得了较好和非常好的成绩，而且全部赞同应进一步推进少年与家事审判工作的融合发展；56.52%的人员虽然未（曾）从事少年与家事审判工作，但其对所在法院少年与家事审判工作取得的成绩予以肯定。

此外，由于“宜城模式”在襄阳市取得了非常好的示范效应，故襄阳市其他法院也准备学习该模式，积极推进少年和家事审判的融合。为此，课题组还针对这些法院进行了问卷调查（问卷参见附件2）。在接受调查的人员中，尽管89.58%的受调查者认为其所在的法院的少年审判和家事审判取得了不错的成效，但85.42%的受调查者认为其所在的法院应当改革当前“少年审判”和“家事审判”分离的现状，推进“少年审判”和“家事审判”的融合，且95.83%的受调查者认为其所在的法院存在推进少年与家事审判工作融合的基础。

这两份调查问卷的统计数据可以在一定程度上反映出，“宜城模式”的贯彻执行获得了较高的评价，而且产生了较好的辐射作用。

2. “宜城模式”交上了成绩斐然的答卷

宜城法院在创造性的探索出了“宜城模式”后，极大地提升了少年和家事审判融合发展司法实践工作，取得了斐然的工作成绩，具体可以体现在如下方面。

（1）进一步贯彻了修复破损情感和保护未成年人利益的理念。在推进少年审判和家事审判融合发展之后，宜城法院和襄阳市中级人民法院更加注重对破损情感的修复和对未成年人利益的保护。如通过对家事案件当事人进行亲情增长教育、修复破损婚姻关系，维护未成年人、老年人等弱势群体的合法权益；通过建立多元调解制度，以修复被破坏的情感、弥合受损的亲情、消除亲属间的对立为目标促进家庭和谐，维护社会稳定。

（2）健全和完善了相关的工作机制。在充分贯彻修复破损情感和保护未成年人利益理念的基础上，宜城法院和襄阳市中级人民法院进一步健全和完善了家事纠纷调解工作机制、反家暴工作机制，建立了心理疏导工作机制，还健全和完善了回访帮扶工作机制。这些工作机制的健全和完善，确保了少年和家事审判达到更好的法律效果和社会效果。

（3）提升了少年和家事案件的处理效果。“宜城模式”的“四轮驱动”的主体格局和“七步”审理法更符合中小型城市少年和家事审判的发展需要。

宜城法院2016～2018年涉少刑事案件和民事案件的审结率均为100%，在全市已决罪犯群体中，未成年罪犯人数由2016年的8人下降到2018年的3人，下降62.5%；未成年罪犯占全部罪犯总数的比例由2016

年的3.11%下降2018年的1.21%，下降了近2/3。宜城法院于2016～2018年受理婚姻家事案件1885件，审结1703件，审结率为90.34%。

襄阳市中级人民法院2016～2018年涉少刑事案件审结率为96.55%，涉少民事案件审结率为100%，婚姻家事案件审结率为93.77%。

上述数据说明，推进少年和家事审判融合的两个法院在处理涉少和婚姻家庭案件时较为顺畅，而且“宜城模式”的贯彻对于未成年人犯罪的预防具有显著的效果。

三、进一步推进少年与家事审判融合发展的实践困境

根据问卷结果显示，尽管“宜城模式”对于推进少年与家事审判融合发展改革具有较好的促进作用，但要促使少年和家事审判更好地融合发展，还存在着诸多障碍。课题组在对调查结果进行整合的基础上，结合自身实务体验，归纳出了进一步推进少年和家事审判融合发展存在的困境。

（一）缺乏统一的顶层设计

近年来，我国离婚率持续攀升，人民法院受理的离婚、抚养、继承等家事案件也持续上升。伴随着离婚数量的不断增长，大量社会问题如未成年人的教育与抚养、妇女权益维护、老年人赡养等社会问题频发，这些问题必然对社会经济、政治、文化、管理等带来不同程度的影响和冲击，更为严重的是，如果家庭纠纷处理不当，极易引发极端刑事案件，对社会治安带来严峻挑战，而与经济社会发展要求和人民群众的司法需求相比，人民法院家事审判在审判理念、体制机制、司法能力、专业化程度等方面还不能完全适应。少年和家事审判的融合，也并非简单的“A+B=AB”，二者在融合的过程中不仅会导致资源的冲突，还面临着法官专业素养如何进一步提升及相关部门的力量如何实现有效整合等诸多问题。

（二）资源的冲突和整合问题

图3显示的分别是2016～2018年宜城法院、襄阳市中级人民法院和襄阳市所有法院涉少案件和家事案件的数量图。从图3中不难看出，家事案件的数量是涉少案件数量的几十倍乃至上百倍。在推进少年和家事审判融合的过程中，必然会存在庭内资源冲突的问题。据调查结果显示，很多法官都表示二者融合后案多人少的情况更为明显，很多案件没有时间去做调

解工作，或者调解工作无法做得精细，这必然会影响到案件处理的质量。

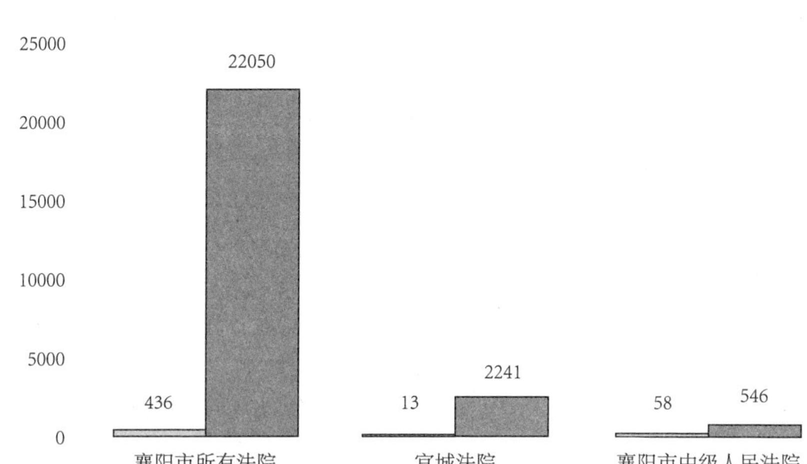

图3　2016～2018年襄阳市所有法院、宜城法院、襄阳市中级人民法院涉少和家事案件数量图

（三）独立建制机构在改革中无法保留影响融合效果

根据中央机构编制委员会办公室和最高人民法院共同印发的《关于积极推进省以下法院内设机构改革工作的通知》（以下简称为《通知》）的规定：政法专项编制数为51～100名的法院，内设机构一般不超过8个。内设机构改革直接导致家事审判机构无法保留。检察院、公安等各级机构正在加大未成年人、家庭保护工作的同时，人民法院多年营建的司法品牌却要被撤销，这将直接导致如下几个方面的问题：一是挫伤了家事法官工作积极性，让他们无明显的归属感；二是家事审判工作效能无法有效发挥；三是归入民庭后的轮流分案制度导致家事审判专业化无法具体体现；四是社会联动工作无专人协调运作实施。

（四）法官专业素养如何进一步提升不无疑问

审判法官需同时掌握刑事、民事实体法和诉讼法。2013年以来，两大诉讼法相续修改生效，办案人员既要熟悉家事审判程序，又要熟悉涉少刑事审判流程，少年家事法官承担的很重的审判压力。此外，少年家事审判法官不仅需要具备前述专业知识，还需要心理辅导咨询等诸多方面的技能，同时，还要有丰富的生活阅历和良好的沟通协调能力，这些能力的养成和提升除了通过司法实践的不断磨砺之外，还需要专业的培训。然而，由于少年家事审判庭案多人少，导致法官没有时间去接受专业的培训，所以，如何提升法官的专业素养，是阻隔少年和家事审判有效融合的一大障碍。

（五）法院和相关部门如何协同合作

要使“宜城模式”得到彻底的贯彻，保证涉少和家事案件的处理效果，离不开法院和法政系统以及社会组织之间的协同合作。然而，根据调查结果显示，由于政府的支持力度不够，导致应有的财政配套措施跟不上，很多辅助人员的工资无法得到保障，这极大地打消了社会力量协同合作的积极性；此外，部分法政系统和团体机构的参与度不高，而且与法院共享资源的意愿不强，导致涉少和家事案件的审理效果难以达到预期的程度。

（六）绩效考核无法体现少年家事审判的工作实际

少年家事审判工作，不同于其他审判，因为承载着很多案外和社会治理工作，如审前调查、审中教育、调解、审后回访、心理疏导、法治宣传、公益倡导、青少年维权等工作，这些工作是少年家事法官工作的职责的必备要求，但是法院现有的考评体系存在滞后性，不能科学地体现少年家事审判的工作特点，对法官现有的考评只以案件数量论，少年家事法官所付出的时间与业绩考评不成正比，也得不到应有的认可，极大地挫伤了少年家事法官的工作积极性。[①]

四、完善少年与家事审判融合发展工作的对策建议

针对前述问题，本课题组认为，要进一步推进少年和家事审判的融合发展，必须从以下几个方面改变该项工作过程中存在的藩篱。

---

① 参见福建省宁德市中级人民法院：《宁德两级法院少年及家事审判情况简介》，载《司法改革评论》2016年第1期。

（一）作出合理有效的顶层设计

在推动家事少年融合发展的工作中，要站在司法体制改革全局的高度，审时度势、统筹兼顾，根据中央司法改革规划和《最高人民法院关于全面深化人民法院改革的意见——人民法院第四个五年改革纲要（2014—2018)》的要求，科学谋划各项家事审判改革措施。探索建立符合审判规律的家事审判工作机制和符合家事案件特点的诉讼程序，推进家事审判专业化发展，体现家事审判人文关怀。大力加强家事审判队伍建设，选拔任用熟悉婚姻家庭审判业务，具有一定社会阅历，掌握相应社会心理学知识，热爱家事审判工作的法官成为家事审判主审法官，探索实现家事审判专业化与大众化的有机结合，推动在更广阔范围内构建化解家事纠纷的共同体，着力打造家事审判与少年审判的“强强联合”。

（二）健全内部协调配合机制

要解决少年和家事审判融合后资源冲突的问题，首先，要将已有的呈“条块状”分布的经验、成果有机串联起来，进一步加以科学整合、统一规范，使之上升为较高层次的少年家事工作配套体系，如有接受调查者建议可以成立“少年家事纠纷联动化解领导小组”，建立成员单位的工作例会和联席会议制度，保证少年家事工作配套工作体系得以有效运行；其次，要引进优秀的人才，壮大少年家事审判队伍，有接受调查者建议可以推行调解员、心理咨询员辅助办案工作机制。

（三）建立独立建制的审判机构

最高人民法院应当在《通知》规定的基础上进行补充发文，保留本院的特色审判品牌庭，比如少年审判庭、家事审判庭等，并给予独立的建制。根据案件数，配备家事少年审判法官的人数，科学配置司法资源，最大限度地激发家事法官工作积极性，拓展司法为民的内生动力。

（四）建立家事特别程序法

目前，人民法院审理家事案件的程序法依据是民事诉讼法，急需制定家事特别程序，贯彻调解优先原则，积极试行家事案件调解前置制度，加大家事诉讼中法官的职权干预力度，聘用或者聘请家事调查员参与家事案件调查。强化不公开审理原则，以不公开审理为原则、以公开审理为例外。积极推广离婚证明书制度，与民政部门的离婚信息建立共享机制。强调当事人亲自到庭原则，坚持未成年人利益最大化原则，引入心理疏导和测评机制，适当放宽家事案件审限，实行“离婚冷静期”和回访帮扶工作等制度，以推动立法为目的，完善和保障家事少年审判规范运行。

（五）建立定期专业培训制度并加大培训经费投入力度

在扩大少年家事审判队伍的基础上，应建立定期专业培训制度，如采取学习、培训、挂职、交流等方式，培养具有熟练专业能力的少年家事法官和司法辅助人员；同时，要加大培训经费的投入力度，保证法官和司法辅助人员接受高质量的业务素养培训。

（六）强化人力物力财力保障

如前所述，人力物力财力保障不足已经成为影响少年家事审判工作有效开展的主要障碍。要保证少年家事审判工作取得良好的效果，必须加大人力物力财力的投入。

首先，要加大财政支持，保障社会组织参与人员的工资和劳务费，提升其参与少年家事案件处理的积极性；其次，要出台相应的规章制度，保证法政系统和社会组织等机关和单位提供必要的人力和资源支持，为涉少和家事案件的处理提供必要的协同力；最后，要建立信息共享平台，保证法院在处理涉少和家事案件时能够合法合规而又及时有效地调取到所需要的信息，促使涉少和家事案件的处理更加符合社会公平正义。

（七）建立单独考评机制

建立不同于其他业务部门的法官评价、考核机制。考虑少年家事审判工作的特殊性、复杂性，应当在管理系统中增设少年家事审判工作考核体系，例如，委托人民调解的期间、情感冷静期不计入审限，进行少年家事案件调解、审前调查、审中教育、审后回访、心理疏导程序的，一个程序计算一件民事案件，让少年家事法官的付出得到应有的客观评价。

五、结论与展望

在全国广泛推行司法改革背景下，宜城法院和襄阳市中级人民法院选择通过推进少年和家事审判融合的方式是深化少年司法和家事审判的改革，这一改革思路也得到了福建、上海、江苏等省市区人民法院的呼应。该项改革具有十分重要的意义，而且宜城法院和襄阳市中级人民法院的司法实践也证明了这一项改革举措的可行性。据课题组的调研了解，襄阳市其他 9 个基层法院也将学习“宜城模式”，推进少年审判和家事审判的融合发展，而且这些法院中 85.42% 接受问卷调查的法官对于推进少年审判和家事审判融合发展的改革路径表示支持；此外，有不少学者都高度赞扬了这一改革思路。① 所以，尽管少年审判和家事审判在融合发展的过程中还存在一些问题，但在学者们的全力支持和司法实践的检验调整下，少年和家事审判融合上将会得到更加有效的开展，届时，少年和家事审判所承载的社会职责和行政职责会在司法实务中得到更好的履行，未成年人的最佳利益也能得到更好的保护。

附件 1：“推进少年与家事审判融合发展”调查问卷（针对襄阳市人民法院和宜城市人民法院）

附件 2：“推进少年与家事审判融合发展”调查问卷 -2（针对襄阳市其他法院）

① 参见张晓茹：《日本家事法院及其对我国的启示》，载《比较法研究》2008 年第 3 期；胡云腾：《少年家事审判改革的社会背景和问题导向》，载《中国青年社会科学》2016 年第 5 期；厦门大学法学院课题组：《福建法院创建“家事法庭”的探索与实践》，载《东南司法评论》2016 年；冯源：《家事司法专门化的路径与选择》，载《学术论坛》2018 年第 4 期；王秀玲、刘庆伟：《司法改革背景下家事审判专业化建设之路径优化》，载《山东警察学院学报》2018 年第 11 期；等等。

附件1：

“推进少年与家事审判融合发展”调查问卷

本问卷旨在了解推进少年与家事审判融合发展的相关情况，所获取的信息会严格保密，仅供研究使用。

1. 您的性别：[单选题]*

○女

○男

2. 您所在的法院：[单选题]*

○襄阳市中级人民法院

○宜城市人民法院

3. 您从事司法工作的年限：[单选题]*

○1~3年

○3~5年

○5~10年

○10年以上

4. 您是否正从事过或者正在从事少年与家事审判？[单选题]*

○是（接第5题）（请跳至第5题）

○否（接第12题）（请跳至第12题）

5. 您从事少年与家事审判的年限：[单选题]*

○1~3年

○3~5年

○5~10年

○10年以上

6. 您平均每年承办少年与家事审判案件的数量：[单选题]*

○0~20件

○21~50件

○51~100件

○101件及以上

7. 您认为您的团队所从事的少年与家事审判工作取得的效果如何［单选题］*

○非常好

○比较好

○一般

○比较不好

○非常不好

8. 您所在法院少年与家事审判工作有哪些突出成就或者亮点？［填空题］*

____

9. 您所在法院推进少年与家事审判工作融合还有哪些困难或问题？［填空题］*

____

10. 您认为是否应当进一步推进少年与家事审判工作融合发展？［单选题］*

○是

○否

11. 您认为您所在法院应当如何进一步推进少年与家事审判融合发展？［填空题］*

12. 您认为您所在法院少年与家事审判工作取得的效果如何［单选题］*

○非常好

○比较好

○一般

○比较不好

○非常不好

附件2：

“推进少年与家事审判融合发展”调查问卷-2

本问卷旨在了解少年和家事审判融合发展的相关情况，所获取的信息会严格保密，仅供研究使用。

1. 您的性别：[单选题]*

○女

○男

2. 您所在的法院：[单选题]*

○襄城区人民法院

○樊城区人民法院

○襄州区人民法院

○高新技术产业开发区人民法院

○谷城县人民法院

○南漳县人民法院

○保康县人民法院

○老河口市人民法院

○枣阳市人民法院

3. 您从事司法工作的年限：[单选题]*

○1~3年

○3~5年

○5~10年

○10年以上

4. 您是否从事过或者正在从事少年审判与/或家事审判？[单选题]*

○是（接第5题）（请跳至第5题）

○否（第5/6题可不回答）

5. 您从事少年与/或家事审判的年限：[单选题]

○1~3年

○3~5年

○5~10年

○10年以上

6. 您平均每年承办少年审判与/或家事审判案件的数量：[单选题]

○0～20件

○21～50件

○51～100件

○101件及以上

7. 您认为贵院少年审判与/或家事审判工作取得的效果如何［单选题］

○非常好

○比较好

○一般

○比较不好

○非常不好

8. 您认为贵院的少年审判和/或家事审判工作中还存在哪些突出的问题需要解决？［填空题］

____

9. 您认为贵院是否应当改革“少年审判”和“家事审判”分离的现状，推进“少年审判”和“家事审判”的融合？［单选题］

○是

○否

10. 您认为贵院应当如何推进少年与家事审判工作的融合？［填空题］

____

11. 您认为贵院是否存在推进少年与家事审判工作融合的基础？［单选题］

○是

○否

中国少年司法中的行政调解研究

李冠新*

内容摘要：少年司法具有与其他诉讼不同的理念与原则，其特殊性决定了少年司法更需要以调解为主的多元化纠纷解决机制。行政调解是行政机关参与少年司法的重要方式，相对人民调解和法院调解具有专业性、权威性和持久性的优势。涉少刑事案件的刑事和解制度中公安机关主持和解具有优势，涉少民事案件中行政机关调解更有利于解决纠纷。目前，中国少年司法体系中对行政调解的功能关注不够，限制了行政资源优势在少年司法中的发挥，因而有必要在当前少年司法审判模式下建立少年纠纷行政调解中心，整合区域行政资源，汇聚行政调解专业人才，与法院建立紧密合作关系，接受法院委托深度参与各类案件的调解工作，同时，也在司法体系之外更好地发挥行政调解维护未成年人权益的功能。

关键词：少年司法　行政调解　未成年保护　调解中心　委托调解

一、问题的提出

少年儿童是国家的未来和希望，少年司法相对于其他司法更为关注未成年人的健康成长，具有维护未成年人合法权益、矫正不良行为、预防犯罪等复合型功能，而少年司法功能的多元化决定了其与包括行政机关在内的各层面社会组织的互动更为积极，合作更为紧密。在少年司法中，仅仅依靠法院依法裁判解决涉及少年儿童的纠纷，并不能充分体现其特殊性，也很难达到预期效果，因此，涉及少年儿童的纠纷更加需要多元化的解决

* 北京工商大学民商法学硕士，研究生学历。2014年7月到北京市平谷区人民法院工作，曾任执行一庭法官助理；2015年3月至今，任未成年人案件综合审判庭法官助理。

方式，也需要借助更多的资源一并实现对未成年当事人的帮助和保护。然而，哪些解决方式和资源能够进入少年司法领域就成为值得研究和探讨的问题。三十多年来，中国大力构建社会主义和谐社会，少年司法审判模式几经变迁。当前，少年审判和家事审判呈现出不断融合的趋势，由行政机关具有公务人员身份的行政人员主持的行政调解，因其独特的自身优势在少年家事审判中的作用不断凸显，本文立足少年司法中的行政调解机制，深入分析各类少年司法案件引进行政调解机制的优势和存在的问题，旨在探索一条有助于少年司法更为成熟有效解决未成年人纠纷的道路。

二、少年司法中引进行政调解机制的必要性

（一）少年司法案件的类型与特点

早期少年司法案件主要是未成年人犯罪的刑事案件，与成年人刑事案件审判注重惩罚不同，未成年人刑事案件承担着维护未成年人合法权益，呵护未成年健康成长的保护功能。2012 年《刑事诉讼法》修正案设立专章规范“未成年人刑事案件诉讼程序”，规定了未成年人社会调查、附条件不起诉、不公开审理、犯罪记录封存等多项特色制度，坚持对未成年犯罪人实行“教育、感化、挽救”方针，坚持“教育为主、惩罚为辅”的司法原则。随着少年儿童纠纷在刑事、民事和行政领域的不断扩张，少年司法的案件类型也呈现多样化趋势。自 1984 年上海市长宁区人民法院诞生中国第一个少年法庭以来，在最高人民法院的组织推动下，各地法院从事少年审判工作的组织机构先后出现了“刑事法庭内部单独合议庭”“少年刑事审判庭”“家事审判庭”和“综合审判庭”等多种模式。特别是江苏省南京市中级人民法院于 2013 年率先启动家事审判机构改革，融合少年审判与家事审判成立少年家事综合审判业务庭，被称之为少年审判机构改革的“南京模式”，被视为开启了少年司法的一个新时代。该模式也为最高人民法院所认可和推广，成为在当前司法实践中较为普遍的模式。

目前，我国广义的少年司法案件类型主要包括刑事、民事和行政案件三种。第一种涉少刑事案件，除传统的未成年犯罪案件外，也包括未成年受害人的刑事案件，此类案件中对受害人的帮扶关爱也日益成为少年司法领域的热点问题，有必要对此种类型案件规定特别的受害人保护程序，防止刑事审判过程中对未成年人造成二次伤害，故需要对受害人的未来健康

成长予以必要的关爱和帮助。第二种涉少民事案件，可以分为与家事诉讼交叉的案件以及与家事无关的其他案件。前者如涉及未成年人抚养的离婚案件，父母婚姻危机若不能得到及时化解，则将导致未成年人成长环境的恶化，再加之父母疏于管教，未成年人厌学逃学乃至违法犯罪的现象将不断出现，因此，解决此类涉少家事纠纷时特别要关注家庭中青少年的身心健康问题，而少年审判与家事审判融合的一大优势就在于能够整合二者的资源。后者如涉及未成年人权益的人身损害赔偿案件、产品侵权案件、网络侵权案件、合同纠纷等。第三种涉少行政案件，主要是指行政机关侵犯未成年当事人合法权益引发的行政诉讼案件，此类案件通常是未成年人以原告身份提起行政诉讼，法定监护人为其代理参与诉讼，寻求法律上的保护和救济。由于《行政诉讼法》没有对涉及未成年人行政诉讼案件的特殊规定，一般行政案件不适用调解，只有行政赔偿、补偿以及行政机关行使法律、法规规定的自由裁量权的案件可以调解。

上述三种类型少年司法案件既有个性也有共性，一般都强调在依法裁判之外关注未成年人的成长利益，以及社会和谐稳定、家庭幸福等社会性功能。而青少年成长环境涉及社会方方面面，绝非法院或检察院的单独责任，因此，政府行政机关以及各种社会组织有必要参与其中共同施加影响，为青少年创造良好成长环境，而行政调解即是一种非常有益的补充方式。

（二）行政机关参与少年司法案件的调解职能

少年司法与其他案件不同之处在于，法院在审判过程中与公安部门、司法行政部门、负责婚姻登记社会福利等职能的民政部门等行政机关存在密切合作关系。比如，在未成年人刑事案件中，《刑事诉讼法》特别规定了社会调查程序，而社会调查主体一般是由公安局、司法局等行政机关的人员担任，未成年犯罪人的教育感化和社区矫正工作也离不开司法行政部门的配合；涉及未成年人抚养监护的家事案件中，通常需要民政局、社会福利机构、妇联、团委①等行政部门的支持；在以未成年人为当事人的民事侵权案件中，公安局、市场监管局、民政局等行政机关也可能以各种形

① 中国妇联、团委等社会组织并不是纯粹的行政机关，但一般属于参公管理单位，其工作人员也具有国家工作人员的身份，鉴于实践中此种组织通常被地方政府纳入行政机关管理序列，文中将其视为广义上的行政机关。

式参与其中。

有学者指出，行政机关参与少年司法主要存在三种形式：一是行政调解机制，即纠纷发生后，由各类基层行政机关的工作人员，如派出所民警、民政局工作人员主持进行调解，力图促成纠纷各方达成纠纷解决合意；二是行政管理机制，如民政局、市场监管局和公安局等行政机关可以通过日常行政管理工作，对涉少纠纷进行预防和矛盾化解；三是行政保障机制，如对于虐待未成年人这种长期性损害未成年人身心健康的问题，基层行政机关工作人员可以采取定期回访等形式进行监督控制，长久保障未成年人的合法权益。相较于行政管理机制和行政保障机制，行政调解机制能够更直接地参与到少年司法案件解决进程中，是对少年司法审判机制的有益补充。

在我国法律体系中，调解根据主体的不同，可以分为司法调解、行政调解和人民调解。所谓行政调解，就是通过行政主体的主导使纠纷当事方在自己愿意和合法的情况下解决纠纷，从而使不同主体之间的利益趋于平衡，达到和谐一致的一种手段和方法。在我国法学界的理论和实践中，关于行政调解的概念和认识不尽相同。《中华法学大辞典》认为行政调解是在行政机关、行政复议机构或者行政仲裁机构主持下，根据自愿原则，依据国家法律、法规和有关政策，通过说服教育使双方当事人对所争议事项达成谅解的一种行政司法行为。所谓行政司法行为是享有准司法权的行政行为，以依法裁处纠纷为宗旨。有学者认为行政调解是行政机关主持，以国家政策法律为依据，以自愿为原则，通过说服教育等方法，促使双方当事人友好协商，互让互谅，达成协议，从而解决争议的行政行为。纵观这些行政调解的定义可以看出，学者们一般将行政调解定位于行政行为，或者称之为具有准司法特点的行政行为。行政调解的主体主要限于国家行政机关，而将其他社会主体居间调解活动称为“人民调解”，也与人民法院主持下“司法调解”相区别。[①] 相对于人民调解而言，行政调解则具有专业性、综合性、高效性、主动性和权威性等特有优势，在解决纠纷、化解矛盾、维护稳定中有着其他组织难以替代的作用。

① 根据《人民调解法》的规定，人民调解主要是人民群众应用自身力量化解民间纠纷的方式，强调人民性和社会性，与行政调解有明显差异。

三、少年司法行政调解的优势与特点

调解的优势自不待言。未成年人的成长需要一个平和、安定的环境，涉及未成年人的民事纠纷，如果简单的裁判，很多时候并不能从根本上缓和、化解矛盾，有时甚至会进一步激化矛盾。青少年在一个充满激烈对抗的环境中长大，很容易产生极端情绪，因一时冲动或者阴暗心理而走上违法犯罪道路。调解追求合意结果，不局限于法律问题，而更多着眼于未来和长久关系，这对于未成年司法审判极为重要。

在涉少案件中，由行政机关工作人员主持的行政性调解相对于人民调解具有专业性、权威性和可持续性的特点。

专业性是指参与行政调解的主体多为具体职能部门工作人员，通常比较熟悉国家儿童保护的各项政策法规，长期在一线从事未成年人保护工作，经验更丰富，可以综合考量纠纷产生的法律问题和政策性问题，针对个案的特殊性提出更为合理可行的解决方案，从而弥补法官法律外专业知识不足的缺陷。

权威性是指行政人员的公权力背景在中国传统文化背景下会有更大的影响力。中国历史文化传统中行政权力的地位向来很高，“父母官”情结根深蒂固，民众普遍存在“遇事就找政府，政府无所不管、无所不能”的心理认识。即使在当下强调依法治国、司法权威的背景下，很多人仍然认为政府能够解决法院解决不了的事情。进入现代社会，行政机关均负责管理国家的内政、外交以及经济、社会发展等各个方面事务，行政权力几乎触及社会生活的每一个角落，从而使得行政主体在人民群众中具有很高的权威。在行政调解中，即使再强调行政主体的调停人身份，但毕竟是行政主体从事的积极行为，纠纷当事人自然而然会对行政主体产生一种敬畏心理。而且行政主体由于掌握着众多的行政权力和行政资源，可能会采用明示或者暗示的方式对纠纷当事人施加影响，以利于达成调解协议。因此，在行政调解中，虽然纠纷当事人可能基于行政权威的心理压力，更容易相互妥协达成调解协议，但是也需要克服这种行政权威的负面效应，如致使纠纷当事人违心接受调解，而不是完全出于自愿等。

可持续性是指调解可以作为行政人员的常规工作职能，区别于一般的热心人自愿进行的调解，通过法律上升为一种法定职责，要求其长期坚持并提出较高标准的要求。行政调解虽然不是行政机关依职权的主动行政行为，但也是积极主动行政而不是消极行政，因而体现着行政服务的主动性。这也使得行政调解在与人民调解和司法调解相比较而言，在全国各地兴起的“调解热”和“调解复兴论”中发挥着独特的积极作用。行政调解不仅在最低要求上完成对纠纷的解决，而且在更高层次上使政府机关进一步采取积极主动的方式，建立一种既为法律所允许，又为当事人和政府所共同认可和赞同的更合理、更完善的社会关系，从而使行政主体在更全面、更彻底的意义上履行自己的职责。这种由被动消极行政向积极主动行政的转变，恰恰反映了现代行政精神的基本要求。

三、涉少刑事案件中的行政调解

（一）涉少刑事案件需要调解功能

中国涉少刑事案件中的调解，主要体现在刑事和解制度中。《刑事诉讼法》规定了当事人刑事和解制度，是基于恢复性司法节约诉讼成本、提高诉讼效率之考量，让已经遭受破坏的社会关系恢复到原本的良好运行状态，这是一种与传统刑事诉讼模式不同的非诉处置犯罪的机制。《刑事诉讼法》中有关未成年刑事案件的诉讼程序虽然没有对未成年案件刑事和解作出特别规定，但涉少刑事案件也可以适用当事人和解制度。涉少案件刑事和解的目标是借助中立第三方，在被害人和少年犯之间搭设起建设性的交流平台，修复对被害人造成的损失，协调被害人和加害人之间的冲突。对于未成年犯罪人来说，刑事调解可以起到教育感化作用，使其主动意识到自己的错误，完成心灵的救赎；对于被害人来说，刑事调解有助于被害人打开心结，表达出自己的内心感受，一定程度上原谅犯罪人，治愈自己的内心创伤，更好地迎接未来新生活；对于社会来说，刑事调解体现出司法的保护主义，为未成年人提供了一条改邪归正的道路，有可能挽救一批失足少年。这些良好作用的发挥都有赖于高水平的调解员及其高质量的调解。

（二）涉少刑事案件行政调解的类型

涉少刑事案件的行政调解主要有两类：一是在侦查阶段公安机关履行

的调解职能，包括符合刑事和解条件的轻微刑事案件的调解、追赃中的调解[①]以及刑事附带民事诉讼的调解；二是在审查起诉以及审判阶段，公安机关或其他行政机关工作人员接受检察院或者法院委托，为促成刑事和解进行的调解。根据《刑事诉讼法》的规定，侦查、审查起诉、审判阶段三个阶段都可以适用刑事和解程序。检察院和法院是刑事和解的促成主体，而法律并不禁止检察院和法院委托他人促成刑事和解，因此行政机关工作人员可以接受委托在审查起诉和审判阶段参与调解。

相较于法官、检察官主持的刑事和解，由公安机关主持未成年刑事案件调解具有独特优势。首先，公安机关的调解可以保证调解与审判适度分开。由法官参与未成年人刑事案件的调解，可能会影响法官的自由心证，调解不成的，法院裁判结果也可能会引起拒绝和解当事人的猜疑，如调解时没给法官面子而被蓄意报复等。检察院主持和解的结果将影响是否向法院提起公诉以及量刑建议，也可能引起类似的猜疑，如检察官报复等。而公安机关调解即便达成和解协议也需要移送检察机关审查，并不能直接导致案件终结，因此，即便调解不成对犯罪嫌疑人也没有直接的不利后果，避免引起有关司法不公的猜疑。其次，实践中很多公安民警在长期办理治安案件与刑事案件过程中积累了丰富的调解经验，这些经验将对刑事和解发挥重要作用。在我国，公安干警可以采取更为灵活多样的调解手段，让双方更加有效地进行对话交流，也更容易说服当事人放弃明显不合理的诉求。最后，公安机关积极参与调解可以从案件源头上尽早介入化解矛盾纠纷，缓和对抗冲突，为未成年犯罪人争取更大的改造空间和机会。公安机关通常是最早接触刑事案件的国家机关，公安人员及早履行调解职权更利于少年司法目标的实现，落实"教育为主，惩罚为辅"的方针。这些调解优势，即便进入公诉和审判阶段也能实际发挥作用，如法院基于侦查阶段办案人员对案情的熟悉以及当事人的信任，可以委托该办案人员主持调解，以便获得更好的效果。

目前，我国关于公安机关办理刑事案件中的调解尚没有明确的法律规定，针对未成年人犯罪刑事和解制度的规定也不完善，《刑事诉讼法》和

① 根据《最高人民法院、最高人民检察院、公安部、财政部关于没收和处理赃款赃物若干问题的暂行规定》的规定，对买主确实不知是赃物，而又找到失主的，应由罪犯按卖价将原物赎回，退还原主，或者按价赔偿损失；如果罪犯确实无力回赎或者赔偿损失，可以根据买主与失主双方的具体情况进行调解，妥善处理。

《公安机关办理刑事案件程序规定》只是对刑事和解的范围、基本程序、和解的效力作出了规定，但对公安机关主持刑事和解的具体处理程序缺乏规范。如法律仅规定公安机关可以主持制作和解协议书，并未明确规定公安机关主持未成年人刑事和解案件的职能和程序。我国当前未成年刑事审判中行政调解没有得到多少关注，行政机关参与调解的职责、方式不明确，渠道不畅通，积极性也不足，影响行政机关在少年司法中的作用发挥。例如，司法实践中“检察官妈妈”“法官妈妈”的出现固然反映了少年检察与少年审判工作的成就和司法人员的爱心，但也显露出中国少年司法系统性缺失的问题，未成年犯罪人的教育挽救工作成为法官和检察官的任务，行政机关的角色却模糊且淡化。

四、涉少民事案件中的行政调解

（一）行政人员参与涉少民事案件调解的途径

行政机关工作人员参与涉少民事案件调解，法律规定的途径包括法院委托调解、行政调解前置、协助调解三种方式。法院委托调解主要是指法院在立案前或立案后，经征求当事人同意，由立案机构或者审判机构将案件委托给相关行政机关的工作人员进行调解。行政调解前置是指根据法律规定，在法院受理特定类型家事案件之前，由行政机关进行先行调解，根据调解的结果确定是否要转入诉讼程序，相较于法院委托调解，行政调解前置更强调在立案前先行调解。例如，在《澳大利亚家庭法》中创造性地推出“调解前置、先调后审”的模式，即凡涉及子女的抚养问题，父母在向法院提出“抚养令”之前，必须先行调解，方可提起诉讼，否则法院不予受理。协助调解是指人民法院在调解时引入行政机关力量协助调解，但调解的主体还是人民法院，这种情形下，并没有实现调解与审判的分离，而只是分化了法官的调解权利。

法院委托特定行政机关工作人员调解以及行政调解前置，属于比较典型的行政调解，而协助法官进行调解可以视为行政调解的延伸和拓展，也能发挥行政调解的优势。

（二）涉少家事审判中的行政调解

涉少家事纠纷通常发生在家庭成员内部之间，与血缘、婚姻、收养等形成的亲属关系密切相关。家事诉讼的理念与传统民事诉讼的理念有根本性差异，这也决定了家事纠纷用非诉讼机制解决的适宜性和特殊性。除了某些案件不得调解外[①]，我国家事审判司法政策中，特别强调调解的适用。[②] 我国日常行政工作中涉及民众婚姻家庭事务的行政机关类型较多，主要包括街道、乡、镇等基层政府，公安、民政、司法行政等基层机关以及妇联、共青团等基层群团组织，都可能从不同角度介入家事纠纷。涉少家事纠纷有必要更好借助这些行政机关的资源和力量，由具有专业背景和实践经验的行政人员进行调解。这些行政机关工作人员有不少长期从事未成年人保护相关工作，熟悉国家政策，见多识广，工作经验更为丰富，手段方法更为有效，比一般的社会热心人士显然更具调解优势。

涉少家事案件又可以分为两种：一种是案件直接涉及未成年人权益，如有关未成年人监护抚养问题以及继承方面的纠纷；另一种案件虽然并不直接涉及未成年人的权利，但是纠纷解决情况有可能影响未成年人的健康成长，如涉及夫妻之间家庭暴力的案件，就有可能对未成年人心灵造成永久的伤害。这两种案件都可以通过涉少家事案件的行政调解发挥未成年人权益保护功能。对于直接涉及未成年人权利的案件，调解的落脚点应是保障未成年人的权利在成年人的纠纷中不受侵害。对于涉及影响未成年人心理健康的案件，调解应侧重于为未成年当事人进行引导，对心灵受到打击的未成年人进行心理咨询辅导，防止未成年人因家庭纠纷造成心灵损害而误入歧途。行政调解能够充分发挥相关领域行政工作人员熟悉国家儿童保护政策、实践经验丰富的独特优势，切实保护未成年人权利，呵护未成年人健康成长。

当前我国家事审判调解对于行政调解的重视程度明显不够，法院委托调解更多局限于人民调解委员会，也习惯于把调解人员限定于非行政机关

---

① 《最高人民法院关于进一步深化家事审判方式和工作机制改革的意见（试行）》第6条规定，婚姻效力、身份关系确认、人身安全保护令申请等根据案件性质不能进行调解。

② 2016年《最高人民法院关于人民法院进一步深化多元化纠纷解决机制改革的意见》第27条进一步规定要探索建立调解前置程序。2016年《最高人民法院关于开展家事审判方式和工作机制改革试点工作的意见》公布后，各试点法院对家事调解程序作了许多有益的尝试。2018年《最高人民法院关于进一步深化家事审判方式和工作机制改革的意见（试行）》中强调人民法院审理家事案件，应当增强调解意识，拓展调解方式，创新调解机制，提高调解能力，将调解贯穿案件审判全过程。参见：张艳丽：《我国家事调解程序前置的立法设计》，载《河北法学》2019年第10期。

工作人员的热心人士。[①] 在依法治国的背景下，强调对行政机关的监督限制，避免公权力过大对公民私权利的侵越，克服权力滥用现象，固然是一项基本性原则，但对于行政调解这样并不具有行政强制力的行为也不宜矫枉过正，以担心权力滥用为由拒绝或者限制行政机关工作人员的调解功能也同样不可取。

（三）涉少非家事案件中的行政调解

涉少非家事案件主要是指涉及未成年的与家事纠纷无关的一般民事案件，如未成年人在日常生活以及校园生活中产生的侵权纠纷和合同纠纷等。涉少民事侵权案件与涉少刑事案件有相似性，都有对不良行为少年的教育矫正以及对未成年受害人的帮扶功能，而有经验的行政机关工作人员能够较好地胜任调解员角色。此外，此种纠纷的调解过程中，教育引导的对象不只是未成年人，还有必要加上监护管教不力的法定监护人以及成年的侵权责任人。从教育引导成年监护人与成年侵权人的角度，行政人员基于其公职身份具有威慑力与权威性，可以在调解纠纷的同时加强对成年人的普法教育，对其提出要求，效果要比一般的社会人士更好。此类民事案件中少年司法的独有理念与原则尚未得到充分重视，法院审理与一般民事案件并无区别，即便法院委托没有公务员身份的社会人士调解或者委托人民调解委员会调解，也难以满足少年司法的特殊要求，有必要形成制度，实现此类案件的未成年人保护功能。

五、建立完善少年司法行政调解机制的对策和建议

（一）积极推动成立少年纠纷行政调解中心

行政机关中长期从事涉及未成年人权益保护的公职人员以及具有处理涉少纠纷丰富经验的公职人员，是我国少年司法调解制度可应用的宝贵资源，这些公职人员以何种身份和渠道参与少年司法的调解则是一个不可回

① 《最高人民法院关于进一步深化家事审判方式和工作机制改革的意见（试行）》第 8 条规定，依据目前有关社会调解机构和人员，选聘品行良好、热心调解的人大代表、政协委员、人民陪审员、专家学者、律师、基层法律服务工作者、仲裁员、退休法律工作者、基层工作者，以及其他具有社会、人文、法律、教育、心理、婚姻家庭等方面专业知识的个人担任涉少案件调解员。以上来源多样的调解人员中并不包含行政机关工作人员。

避的问题。因此，建立完善的组织形式能够促使这些优秀的调解员顺利进入司法体系发挥调解功能。

从立法和实践来看，公职人员参与调解的组织形式有如下四种：第一，作为所在行政机关的工作人员，由法院委托行政机关调解，而行政机关又指派特定工作人员担任调解员。如法院在某离婚诉讼中委托所在地的民政局调解，民政局指派有经验的工作人员具体负责。第二，由法院直接委托特定行政机关工作人员调解，且该行政人员所在单位不反对其担任调解员。第三，行政调解与人民调解融合，行政机关工作人员受聘成为某人民调解委员会的调解员，该人民调解委员会接受法院委托后指派该行政人员负责调解。第四，法院内部设立调解机构，聘请包括行政机关工作人员以及热心调解的各行业各领域的非公职人员担任调解员，在具体案件中接受法院委托担任调解员。如2018年《最高人民法院关于进一步深化家事审判方式和工作机制改革的意见（试行）》设立家事委员会制度①，作为法院的内设机构，选聘来自各行业各领域的调解员。

然而，以上组织形式自身又都存有不容忽视缺陷。第一种形式，适合涉少案件调解的行政机关类型较多，且调解并非常规性行政职能，通常也没有关于参与诉讼案件调解的具体规定，对于行政机关而言缺乏履职依据，法院也很少会直接委托行政机关进行调解。第二种形式，法院具体委托哪位行政人员调解，完全取决于法官对该行政人员是否熟悉和信任，个性化色彩太强，缺乏稳定性与可持续性，无法成为稳定可靠的制度。第三种形式，一定程度上混淆了行政调解与人民调解的界限，与《人民调解法》中关于人民调解委员会“基层群众自治组织”的定位不符合，也不属于行业性的人民调解组织，行政人员担任人民调解员不利于人民调解的独立发展。第四种形式，虽然解决了行政人员的身份问题，但一方面与行政机关的人事管理（如报酬发放、工作时间安排等）可能存在不协调之处，不利于彰显行政调解的优势；另一方面作为法院内设机构，缺乏独立性，人员遴选完全受制于法院的选择，不利于行政机关的积极性发挥与资源整合。

① 《最高人民法院关于进一步深化家事审判方式和工作机制改革的意见（试行）》第7条规定，依托特邀调解做好家事案件调解工作，通过在立案前委派或者立案后委托特邀调解组织、特邀调解员依法进行调解，促使当事人在平等协商基础上达成调解协议，解决纠纷。可以设立家事调解委员会，设定入册条件，规范家事领域特邀调解程序。

有鉴于此，笔者主张，在少年司法案件较多的区域，在基层党委、政府的领导下，由特定行政机关牵头组织成立独立于法院的少年纠纷行政调解中心，该行政区域内涉及未成年人权益保护的所有行政机关、群团组织、事业单位共同推动成立，由各单位选派专业经验丰富、热心未成年人保护的工作人员担任中心调解员。建立综合性的行政调解机构是强化行政调解的一种常见思路，如，有学者主张在行政系统设置专门的行政调解机构，配备专门的行政调解人员，负责行政调解工作。实践中，很多地方在党委的领导下，建立“大调解”工作机制，创新行政调解工作机制，充分整合资源发挥行政机关在化解行政争议和民事纠纷中的作用，推动建立行政调解与人民调解、司法调解相衔接的联动机制，形成调解工作合力，少年纠纷行政调解中心也是此种思路的产物。从性质上看，其属于政府设立的专门从事未成年人保护领域行政调解工作的专门机构，目标在于整合区域内行政资源，汇聚未成年人保护领域的专业人士，通过强化行政调解促进未成年人权益保护。少年纠纷行政调解中心接受该区域法院少年家事审判机构的业务指导，与法院建立日常业务联系，接受法院委托开展涉少刑事和民事案件的调解工作。

这种组织形式具有五个方面的优势：第一，对于法院而言，涉少案件的委托调解除了人民调解委员会以及法院附设调解机构之外，多了一种常规性的选择。法院可以与行政调解中心建立紧密合作关系，根据案件情况委托行政调解中心指派合适的行政人员行使调解职能。第二，此种专门的行政调解中心，可以打通刑事与民事案件的调解资源，无论是刑事案件还是民事案件都可以委托行政调解中心调解，特别是公安机关、检察院和法院可以委托行政调解中心参与刑事和解。第三，此种行政调解中心可以汇聚各单位专业人才，能够显著提升行政调解的专业性与可持续性。行政调解中心可以发掘、汇聚各个行政机关的专业调解人才，不断加强培训和指导，对某些有专长的行政人员而言，调解可以成为其主要工作任务，如此既能保留其行政人员身份，也能全身心地投入到调解工作之中。第四，行政调解中心能够汇聚整合行政资源，改变之前各单位一盘散沙、各自为政、分头调解的局面。事实上，单个行政单位很难把少年纠纷行政调解作为一项重要业务长期坚持下去并且不断投入资源，往往更多取决于个人的认识程度、对未成年人事业的热情和调解能力。而行政调解中心的成立，政府可以集中投入资源，配置专职工作人员从事行政调解的宣传和业务管理工作，负责人才遴选与培训，与司法机关协调沟通，制定并落实少年纠纷行政调解的发展规划。第五，行政调解中心不局限于诉讼案件的调解，还可以在日常行政管理活动中发挥作用。无论是法律规定的行政前置调解，还是各行政机关在日常工作中的行政调解职能，均可以依托少年纠纷行政调解中心，充实强化其行政调解职能。

少年纠纷行政调解中心广泛涵盖涉及未成年人权益保护的各类行政机关，行政机关作为负责特定行业、领域的政府具体职能实施部门，一般而言专业性较强，人员素质较高，对本行业、领域的情况最为熟悉，拥有强大的社会资源（如信息、人员、资金等）和行政资源，这是一般社会主体难以企及的。我国行政资源要比司法资源丰富的多，一旦相关行政部门的资源得以汇聚整合，就有能力发掘出大量来自各单位各部门的行政工作人员参与到涉少案件的调解工作中来，同时，更容易调动一切可以利用的因素，采取综合手段，把涉少纠纷处理好、解决好。这些工作人员还可以充分发挥其各自的岗位积累优势，通过促进纠纷各方达成合意，为青少年创造更加和谐安定的成长环境。实践中，行政调解中心可以通过主动排查社会矛盾，及时报告涉少疑难纠纷，在调解工作中不断发现问题、总结经验，做到早发现、早沟通、早化解。从而使行政调解成为国家行政机关促进青少年健康成长的一种重要方式。

少年纠纷行政调解中心应与少年司法审判组织形成较好的衔接，构成完善的未成年纠纷解决体系。例如，意大利少年调解机构是在地方政府［包括大区、省和市（镇）］、少年司法服务、法官和第三部门达成一致的基础上发展起来的，所有的少年刑事调解项目都有与中央和地方政府［包括大区、省、市（镇）］的正式合作协议，与第三部门密切合作。借鉴国外的调解组织经验，我国更应发挥中国特色社会主义制度的突出优势，整合行政资源，既要形成自上而下的完整组织网络，又要落实丰富的福利措施等资源优势，依托地方政府支持构建涉少纠纷行政调解体系。

（二）逐步推进调解人员专业化

少年行政调解人员的专业水平需要通过选拔和培训机制得以保证。行政调解中心选拔的调解人员不仅要具备基本的法律知识，还要具备未成年人保护的工作经验。为了实现家事案件调解员的专业化，法国成立了专门的“家事调停促进协会”主持制定欧盟章程，负责组织培训社会工作者、心理学家、律师等具备社会科学或法律科学专业知识的人员成为家事调解员。意大利少年刑事调解人员大多是有经验的社会工作者，同时也包括地方少年司法中心、未成年人惩教院、少年社会工作办公室的工作人员。除了建立行政调解员选拔机制外，还应构建一套行政调解员日常培训机制。调解员的培训应需要兼顾三个方面：一是理论基础，包括社会学知识、青少年心理学知识；二是实务技巧，包括观察少年的技巧、家庭心理分析、面谈技巧；三是法律知识，包括刑法、刑事诉讼法、侵权责任法、婚姻法等法律知识。同时，由于主要处理的是少年纠纷，调解员还有必要了解基本的调解伦理、青春期特征、社会服务组织模式、心理诊断、传播心理学、越轨行为心理学、发展心理学与教育心理学、社会心理学、发展精神病理学、家庭社会学、越轨行为和法律社会学等多方面知识。

（三）建立行政调解与诉讼程序有效衔接的机制

在现代法治社会中，行政调解要真正发挥功能和优势，还必须建立起行政调解与诉讼程序有效衔接的机制，使得司法审判和社会力量优势互补，形成合力，共同促使社会纠纷以更加便捷、高效的途径得到解决。在少年司法中，行政调解功能要发挥应有的作用，各级人民法院应树立“司法服务大局”“司法为民”和“能动司法”的理念，整合法院内部和外部的社会资源，主动走出法院，寻求与行政调解、人民调解、仲裁等非诉讼纠纷解决方式的对接与合作，形成良好的“诉调对接”机制，通过共同努力，从而及时、有效地化解社会纠纷，实现社会和谐与稳定。

六、结语

少年司法体制立足于保护未成年人健康成长，任重道远。尽管近年来中国已多次进行少年司法审判机构改革，但是仅仅依靠诉讼机制不能较好地解决问题，行政调解具有专业性、权威性和可持续性的特点，是行政资源进入少年司法领域参与未成年人保护的重要途径，行政调解的公权力背景，与少年司法具有很高的契合度。我国应根据少年司法案件的特点建立一套完备的行政调解机制，组建专门的行政调解机构，选拔专业的行政调解人员，让少年纠纷解决机制更加多元化，切实保障未成年人的合法权益。

反思与前瞻：从仁慈少年司法到适当少年司法

——以我国校园暴力为切入点

王　婧*

内容摘要： 校园应是最阳光、最安全的地方。近年来，我国校园暴力事件相继见诸报端，引发了社会的广泛关注和热议。

当前，我国没有明确的“反校园暴力法”，也没有对“校园暴力”明确定位，仅在2016年4月国务院教育督导办公室发布的《关于开展校园欺凌专项治理的通知》里界定了“校园欺凌”的概念。该规定发布后，情况也未有明显改善。1984年上海市长宁区人民法院成立了第一个未成年刑事合议庭，正式打开了我国少年司法的大门。在实践中，我们一直秉承“教育为主、惩罚为辅”的审判司法理念，将惩罚犯罪与预防保护相结合，借法庭之手对未成年犯处以刑罚的同时进行教育挽救。但是这种“仁慈”并没有很好管控此类恶性事件的发生，反而因对未成年人的过度保护变成了过分纵容，不仅不利于对施暴者行为矫正，也使受害者不能得到公平的对待和保障。

针对该问题，本文采用分析现状—发现问题—解决问题的思路，以我国校园暴力为切入点，厘清司法实践中校园暴力界限，分析背后立法、司法存在的困境，最后上升至司法理念的调整，从仁慈少年司法转向适当少年司法，同时试图填补相关法律的缺位问题。从刑事责任年龄、非刑罚处罚措施、权责明确的协同治理体制，为少年司法理念合理修正奠定基础。附件中草拟《反校园暴力法（建议稿）》，为少年司法保护尽绵薄之力。

* 北京工商大学民商法学硕士。2014年7月到北京市平谷区人民法院工作，曾任执行一庭法官助理。2015年3月至今，任未成年人案件综合审判庭法官助理。

引　言

从“北京某小学生被扔垃圾桶”到“甘肃女生6分钟被打38记耳光”，再到“四川资阳女生被扒衣拍裸照”，这些新闻件件震惊全国。校园暴力问题已成为社会普遍关注的争点议题，事件的频发也暴露出我国在校园暴力的预防和应对方面存在问题：现有法律制度在处理校园暴力中存在空白；利益权衡对被害人权益保障不足；社会预防应对机制存在漏洞。

校园暴力不仅是一个法律问题，也是一个社会问题，更显现出事件背后少年司法理念的滞后。笔者发现当前司法实践中，在遇到校园暴力案件时，官方往往借其他罪名“绕道而行”，没有真正直指“校园暴力”的法律规制。校园暴力没有完善解决，这也成为司法界亟待解决的关键问题。

一、现状透视：校园暴力事件频发

校园暴力事件早在2004年就已屡见不鲜，当年公安机关在全国范围内开展的学校及周边治安秩序集中整治行动中，破获侵害师生人身财产安全的违法犯罪团伙1358个，查破刑事、治安案件18433起，抓获违法犯罪嫌疑人13669名。[①] 近几年，校园暴力类犯罪呈恶化趋势，在舆论的发酵下，数量和危害程度更是让人触目惊心。

表1　2016～2017年同期校园涉嫌欺凌和暴力犯罪情况

年份（1月至11月）	受理批准逮捕人数（人）	受理移送审查起诉人数（人）
2016年	1881	3679
2017年	3788	5486
	同比上升50.34%	同比上升32.94%

表1所示仅是校园暴力事件的冰山一角，实际发生的校园暴力的数量远远超过这些统计数据。校园暴力会造成极其严重的后续影响，无论是施暴者还是受害者，都有进一步变身为下一个社会危害者的可能性。然而当前对校园暴力如何认定缺乏完善的立法和司法供给，这也是此类事件频发

① 姚建龙：《校园暴力：一个概念的界定》，载《中国青年政治学院学报》2008年第4期。

的深层原因。

（一）厘清校园暴力界限

“校园暴力”这个概念似乎是一个被回避的词语，虽然教育部、公安部等单位出台了不少涉及校园安全的规章条文，但是条文中使用的词语都是“校园欺凌”而非“校园暴力”。在笔者看来，“校园欺凌”与“校园暴力”还是有所区别的，前者不是一个法律概念，危害程度相较更低，任何感官上的“不平等”都可能是“欺凌”，例如排挤；后者危害程度更为严重，甚至能够上升到犯罪层面。除此之外，在《未成年人保护法（修订草案)》第二十二条第一款中曾提及“校园暴力”，但在正式公布的条文中却被删除。如此刻意回避也许是对校园暴力的概念和边界问题模糊认识的最好解释，从这个角度看，厘清校园暴力界限就显得尤为重要。

学界中对校园暴力的概念认定有两种代表性模式，即“校园中心说”和“师生中心说”，这两种角度只是侧重点不同，都无法完全涵盖校园暴力的基本特征。借鉴姚建龙教授“空间—主体—心理—结果—行为”五要素的观点，笔者将校园暴力归结为三个要素：

（1）对象要素。校园暴力的施暴者和受害者以未成年学生为主要对象，教职员工（统称教师）为次要对象。

（2）空间要素。校园暴力的空间范围不应局限于校园内，从维护师生安全的角度出发，适当扩展很有必要。

（3）行为要素。校园暴力的行为可以分两种：第一种是故意侵犯他人身体、财产的“显性”攻击；第二种是利用语言、网络暴力等对他人心理造成伤害的“隐性”攻击，而且这两种行为都已经造成严重后果。

综上，校园暴力指的是发生在校园及其合理辐射区域，学生、教师或校外青少年故意以暴力手段攻击师生，造成他人人身、财产损害，破坏学校管理秩序的行为。

（二）校园暴力案件频发的诱因

1. 家庭环境带来的负面影响

在青少年犯罪调查中，家庭环境被认为是影响未成年是否存在犯罪动机最重要的因素。家庭是青少年成长的原生环境，一个良好的家庭氛围对子女的成长至关重要。以B市P区为例，自2015年至2018年共审理涉未成年刑事案件64件，103人，其中12.9%的未成年人被告人来自单亲家庭，超过一半的未成年被告人生长在问题家庭。审判实践中我们发现，问题家庭的父母一部分是忙于赚钱，无暇顾及子女的心理健康，缺乏与子女思想和情感上的交流，无法根据孩子所处的不同年龄段进行必要的指导和帮助；另一部分是教育方式存在误区，可能是简单粗暴式管教，也可能是宠爱放纵式管教，这些都会使未成年人形成自由放纵、拒绝管束、自闭易怒等不良习气。

2. 学校管理教育存在疏漏

我国长期保留的应试教育传统，使得学校的教育和评价体系过于单一，学校更注重学生的学习成绩，而其他方面素质很少被纳入学校的考评范围。一旦发生校园暴力事件，老师往往会采用简单粗暴的惩戒措施，以暴制暴，极易造成师生对立的局面；校方则多采用处分、家长道歉、赔偿等方式试图平息冲突，对涉案学生的行为并没有进行矫正。除此之外，校方忽视受害者心理疏导，也会造成后续连锁反应发生。在审判实践中，我们也发现学校有时会扮演中间人的角色，促使施暴者和受害者达成和解，看似矛盾解决，实则可能对施暴者再次施暴、受害者变身施暴者等埋下隐患。

3. 多元文化带来信息复杂化

当下是信息爆炸的时代，多元文化碰撞的火花使得信息纷繁复杂。一方面，大众传媒为吸引公众眼球，没有及时进行正面引导，未成年人极易在变态文化的误导下接受错误资讯，诱发犯罪；另一方面，互联网的高度开放，讯息获取途径不再成为难事，然而未成年心智尚未定型，面对新奇、暴力、血腥等感官刺激，很容易模仿尝试。另外，囿于传统保守思想的影响，大众谈“性”色变，家长和学校也不能给予正确的引导，未成年人也会在好奇心和生理需求的驱动下铸成大错。

4. 个体发展追求差异化

随着社会经济的发展，“90后”“00后”越来越多地进入人们的视线，成为活跃的新生代。他们各方面条件较前人都有明显改善。“早熟”“个性”“另类”成为他们的代名词。一方面，这个阶段的学生心智尚未成熟，遇到问题可能会选择简单粗暴的方式进行解决，张扬自己的个性；另一方面，学生无法正确辨别是非，追求个性化、差异化也使得一些学生走向校园暴力的歧途。

二、解析困境：三大瓶颈制约校园暴力司法适用

（一）当前法律制度存在缺位

1. 立法层面

法律作为统治阶级维持秩序的工具，为维护法律权威必须要有稳定性，这也势必滞后于社会的发展。现阶段，除了《未成年人保护法》《预防未成年人犯罪法》以及《刑法》部分条文外，我国没有专门针对校园暴力问题、校园安全的法律规则。尽管校园暴力的问题已经十分突出，但是无论从国家层面还是社会、学校层面，都没有形成专门的应对措施。

《最高人民法院关于审理未成年人刑事案件具体应用若干问题的解释》第六条、第七条的规定，都在强调对未成年加害方的保护。提高入罪门槛看似是对未成年人的一种保护，实际使加害者无法认识到罪错行为的危害性。

《刑法》中规定的刑事责任年龄也可以看作是区分罪与非罪的标志，但是这与当前的社会发展规律并不相符。随着人们生活水平的普遍提高，未成年人的辨认能力和控制能力不能仅以年龄进行划分。目前没有一个统一的标准去评价一个人辨认和控制自己行为的能力，即便是一个成年人，也有可能遇到无法自控的情况。

2. 司法层面

正是由于立法层面的缺陷，使得对于校园暴力的司法认定也陷入两难。一方面，校园暴力犯罪侵害了刑法保护的法益，应当处以一定刑罚，但因刑事责任年龄成为定罪阻却事由，无法对未成年被告人处以适宜刑罚，难以实现罪责刑相适应，被害人的利益无法保障；另一方面，《刑法》规定未满十八周岁的未成年人不构成累犯，也不适用数罪并罚，但在司法实践中，如果校园暴力的施暴者系未成年人，实施数个犯罪行为，触犯数个罪名，社会危害极其严重，无法对其进行数罪并罚似乎也不十分恰当。

（二）利益权衡存在偏差

我国一直秉承“教育为主、惩罚为辅”的少年审判司法理念，在司法实践中，极易成为未成年施暴者的“保护伞”，牺牲了未成年被害人的利益。在校园暴力案件中，受害者在遭受校园暴力后，如果未能及时提供法

律保护，实际上会对其造成二次伤害。立法上的倾斜使得条文过多强调罪错未成年的利益，忽视未成年受害者的利益。如果以牺牲未成年受害人利益来满足罪错未成年人利益，少年司法也就失去了存在的意义，实在是荒谬的论断。审判人员在判定受害者的受害程度时，往往会以身体上造成的物理伤害作为衡量危害严重程度的依据，却忽视了校园暴力侵犯的“隐性”客体，即精神层面的伤害。这种隐性伤害的保护机制如果长期处于缺位状态，受害人“恶逆变”概率增加，极易成为新的施暴者，这个问题恰恰是常被人忽略却极为重要的。

随着现代刑事司法的发展，从单纯的保护个别利益转变到重视多元利益的权衡已逐步成为主流。换言之，现代刑事司法立足于理性司法的定位，对罪错未成年人权益的绝对保护主义已不合时宜，平衡未成年犯与未成年被害人的权益，对罪错未成年人相对保护应是我们更加重视的方向。

（三）校园暴力处理机制存在漏洞

一般来说，校园暴力的处理按照情节从轻到重程度，分为学校处分、治安处罚和刑事追责。

1. 家庭层面

如前所述，家庭环境对未成年的成长极为重要。一方面，许多父母错误理解“监护”的含义，误认为只要给予未成年子女相应的物质条件，保障孩子的受教育权就已经履行其监护职责，这些停留在一般道德意义上的社会责任还远远不够；另一方面，家长对“校园暴力”未予重视，认为那是孩子们间开玩笑、闹矛盾，即使孩子身体受到损伤，对方给予一定经济赔偿也就不再追究了。这种监护责任的缺失，很有可能给孩子造成二次伤害，极易成为他们走向犯罪的潜在因素。

2. 学校层面

学校作为校园暴力处理的第一主体，方式更多地集中在校规校纪的处分上。在中国现阶段教育法律体系中，学校禁止在义务教育阶段开除学生，也不能对问题学生强制转学或者惩罚其监护人。一方面，这使得学校在处理校园暴力事件时束手束脚，在处理校园暴力时往往采用“堵”的方式遏制事态发展，强调事后处置，忽视事前预防等工作；另一方面，学校在处理此类问题时，小事自己决定，大事最多请示上级教育部门，体系内消化导致社会力量无法进入学校，处理方式生硬疲软。

3. 社会层面

前文已经提到，虽然我国各部委曾下发过相关法律文件，但均未用“校园暴力”这一敏感词语，这也凸显出对“校园暴力事故化”的立场。一方面，这种立场客观上消减了教育部门和校方责任，也淡化了校园暴力的严重性，这对校园暴力的防控是极为不利的。教育部门和学校对校园暴力的错误认知，很有可能错误估计施暴者的主观恶性，将校园暴力行为看作是一种非理性冲突，而非罪错行为，未加防范最终酿成大错。另一方面，网络和公众媒体示范严重。国家和社会开始对校园暴力关注，很大一部分原因是此类视频在网络上肆意传播，引起社会舆论巨大反响。然而部分媒体在未对事实进行实证的情况下，为了吸引公众眼球对极端案例过度渲染，无形中扩大损害后果。网络上传播的视频，手段残忍、场景震撼，很多成年人都会触目惊心，媒体人将此类事件集中报道形成社会热点，给公众造成校园暴力都是极端暴力残虐的假象。在媒体网络大肆宣扬校园暴力时，不可避免地引发“二次传播”，对施暴者和受害者都会造成“二次伤害”。

三、出路：从仁慈少年司法到适当少年司法

法律从来就不是慈母，良法不应只对未成年人体现仁慈的一面，如果罔顾社会伦理、道德，甚至与民意相悖，那么法律对未成年人的宽缓就是放纵。客观地讲，未成年人与成年人在生理机能、心智思维等方面存在差距，可责性判断应比成年人严格，但这不意味着未成年人手握免死金牌，可以逃脱法律的制裁。少年司法的谦抑原则应有一定的限度，超过了这种限度或者底线就意味着对罪错未成年人的纵容，或者是对底线正义的背叛。[①] 结合当前国情，协调各方利益，应当作出如下调整。

（一）适当调整刑事责任年龄

从我国1979年制定的《刑法》来看，我国刑事立法以当事人的意志能力、辨认能力和控制能力作为认定刑事责任年龄的三大标准。随着社会经济发展，物质水平得到极大提高，人类的生理机能发展早已不是立法时的模样，如果还是坚持原有的刑事责任年龄认定标准，是无法满足社会时

① 宋远升：《从仁慈少年司法到适当少年司法——以校园暴力或低龄犯罪频发为切入点》，载《青少年犯罪问题》2016年第5期。

代的发展需要的。

目前世界各国刑法在刑事责任年龄的规定上有两种模式：第一种是以俄罗斯为代表的年龄区间认定。例如《俄罗斯联邦刑法典》第20条规定，已满14岁不满16岁的人对三种类型犯罪承担刑事责任。我国亦属此类。第二种是以英美法系国家为代表的“恶意补足年龄”认定。这个规则指的是在某些案件中，若有充分证据证明行为人主观上具有恶意，且能认识到行为的危害性，则不再受刑事责任年龄限制。也就是说即便行为人年龄没有达到法律规定的年龄，在一定条件下也要承担相应的刑事责任。

上述两种模式可以看出，第一种仅以年龄作为入罪标准过于刚性，不符合社会发展的机动性；第二种则更为灵活，可以缓解法律与道德的冲突。我国可以适当调整刑事责任年龄，适用“恶意补足年龄”原则来弥补《刑法》第十七条规定刚性的缺陷。应当注意的是，适用该原则并不意味着不满14周岁的未成年人都要承担刑事责任，我们对该原则的适用也要有一定限制。

1. 年龄认定

从当前法律体系可以看出，刑法对年龄的认定通常比民法更为严苛。根据《民法总则》第十九条的规定，8周岁以上的未成年人为限制民事行为能力人，在这里我们可以将“恶意补足年龄”原则的适用范围限定在10岁至14周岁之间更为适宜，之前《刑法》关于刑事责任年龄的规定依旧适用，“恶意补足年龄”作为刑事责任年龄的补充性规定。

2. 主观恶意认定

“恶意补足年龄”原则中主观方面的认定在现实化操作中存在很大障碍。一方面，我们可以借助具有专业知识的心理专家对行为人背景调查、面对面观察，甚至对未成年人的人格进行社会调查进行判断；另一方面，结合个案中行为人的行为方式、言语表达等综合考虑。

3. 证据认定

鉴于这是对未成年人恶意补足年龄使其处以刑罚，那么相较于普通刑事证据认定，此处的标准要更为严苛，采取严格并高于排除合理怀疑的“明确令人信服”的证据，防止“恶意”夸大，与少年司法初衷相违背。

（二）补充非刑罚处罚措施

目前，校园暴力事件的处理机制两极分化比较严重，情节较轻的一般对施暴者给予批评教育，并对被害人给予经济赔偿；情节较重的，且构成犯罪的，处以相应刑罚。这种处理方式似乎有些一刀切，既不能很好地帮助罪错未成年人认清行为罪错性，也不能有效减少校园暴力的后续发生。非刑罚处罚措施或替代性措施作为二者折中之方法就变得尤为重要。

有学者提出“政府强制收容教养”的措施，专门针对可能触犯《刑法》但情节轻微、未违反《刑法》但情节恶劣或有违法倾向的“问题少年”，具有一定借鉴意义。对于已经构成犯罪，不适宜在监狱服刑的未成年人，也应当移交合适的替代性机构处置。应当注意的是，涉校园暴力犯罪的未成年犯大部分还都是学生，帮助他们尽早回归校园，建立正确的三观更为重要。这一点可以借鉴我国社区矫正制度。社区矫正作为非监禁性刑罚执行方式，可以有效帮助未成年犯罪者重新回归社会，定期报告、定期回访也可以有效预防再次犯罪。虽然我国目前对社区矫正的规定还比较模糊，在实践中会存在因监护人拒绝而无法开展的情况，但是适当扩大社区矫正人员范围，将涉校园暴力的未成年犯纳入其中，对这些罪错少年将来的发展更为有利，同时也可以考虑对他们确立强制社区矫正制度。

建立社区矫正体系应当同步设置心理辅导机制，将非刑罚处罚和社区矫正结合起来，发挥社区基层自治组织作用，及时向司法部门报告矫正少年的情况进度，同时区分犯罪未成年人和违法未成年人，配合相应的心理辅导模式。

（三）构建权责明确的协同治理体制

根据上文所述，校园暴力的诱因是多重的，学校、家庭、社会均在其列。防治校园暴力不仅是个法律问题，也是一个社会问题，任何一方“单打独斗”都无法有效治理，“群策群力”才是可行之策。

政府作为校园暴力防治工程的领头角色，可以设置专门机构负责牵头、指导、监督等职责。发动各类社会团体参与反校园暴力的宣传，搭建信息共享平台；对学校的反校园暴力情况定期排查，提供相应支持；对学校周边网吧、KTV、游戏厅等实施行政干预；对网络文化进行管理，避免恶俗文化侵蚀。

学校作为校园暴力防治工程的主战场，组建由校长、教师、心理咨询师、法制副校长、家长等组成的反校园暴力工作小组，具体负责校园暴力的事前预警、事中应急处理和事后干预问责。事前预警重点在于学生教育和教师培训，将校园暴力教育列为教学大纲必修课程，同时加强校内安保，与校外安保警力筑起安全防卫体系；事中应急处理则要分工合作，明确及时报告、事实调查、自行惩戒或移送公安机关、档案记录等流程；事后干预问责主要针对施暴者进行惩戒、对被害人进行心理疏导、对失职人员进行责任追究。

家庭作为校园暴力防治工程的第一道门，可以有效在源头予以控制。家长应明确监护责任，不仅限于照顾子女生活起居，学校教育，更多地关注子女心理健康，若管教不力，也应承担相应法律责任。积极参与配合学校防治工作，与学校保持常态沟通，无论发现子女是施暴者还是受害者，及时与校方沟通，同时有权对校园暴力事件提出申诉控告，保障未成年子女的合法权益。

综上，建立政府—学校—家庭三方联动机制，将政府、学校、家庭纳入反校园暴力治理主体之列，在空间、时间划分职责范围，互相监督，才能使校园暴力消失在人们的视野中。

结　语

校园暴力行为的存在，严重影响到未成年学生的健康成长，危害到社会的和谐稳定。我们在考察校园暴力现象的原因时，由于立法的缺位、权益的博弈、处置的漏洞等困境，在司法实践中并未能有效防控。本文从法社会学视角对校园暴力的现象进行分析，从刑事责任年龄、非刑罚处罚措施、协同治理体制等方面试图重构校园暴力立法，草拟了《反校园暴力法（建议稿）》，相信在该规定的保驾护航之下，校园将是一片未成年人成长的净土，少年司法发挥其应有之功效。

附件：

反校园暴力法（建议稿）

第一条 为了预防和制止校园暴力，保护校园师生的合法权益，建立安全、民主的校园环境，维护学生学习能力和学校教育功能，制定本法。

第二条 本法所称校园暴力，是指发生在校园及其合理辐射区域，学生、教师或校外青少年故意以暴力手段攻击师生，造成他人人身、财产损害，破坏学校管理秩序的行为。

第三条 反校园暴力是国家、学校和每个家庭的共同责任。国家禁止任何形式的校园暴力。

第四条 县级以上政府有关部门负责指导、协调、监督反校园暴力工作。

第五条 学校在法律允许范围内自主处理校园暴力事件，根据实际情况，制定本校的反校园暴力对策。

第六条 监护人应当履行监护职责，发现未成年子女涉及校园暴力事件，应当及时向学校或公安机关报告。未履行的，应当承担相应法律责任。

第七条 县级以上政府有关部门、司法机关、人民团体、居（村）民委员会等组建校园暴力对策联络组织。

第八条 反校园暴力工作遵循事前预防为主，教育与惩处相结合，做好现场处置与紧急干预工作。

第九条 县级以上政府有关部门、司法机关、人民团体、居（村）民委员会等开展和谐校园宣传教育，普及反校园暴力知识，增强公民反校园暴力意识。

第十条 落实校园心理辅导工作，在学校设立心理咨询室和法官信箱，为学生提供心理咨询途径。

第十一条 教师应具备心理学知识、社会学知识或其他相关应对校园暴力专业知识，学校应定期强化教师培训和研修。

第十二条 学校应当组建由校长牵头，教师、心理咨询师、法制副校长、家长等组成的反校园暴力工作小组，具体负责校园暴力工作。

第十三条 教师、监护人以及其他人员一旦发现可能有校园暴力事件，必须立即向学校报告，学校应立即对有关事实进行调查，并向反校园暴力工作小组进行报告。

学校认为确有校园暴力行为，但危害不大的，应在具有心理学等专业知识人员协助下，对施暴者和受害人分别进行心理咨询和干预。

学校认为校园暴力行为可能构成犯罪，应对及时报告公安机关，配合公安机关采取相关措施。

第十四条 学校未依照法律规定向公安机关报案，造成严重后果的，由上级主管部门或本单位对直接负责的主管人员和其他直接责任人员依法给予处分。

第十五条 已满十周岁未满十四周岁的人故意实施校园暴力行为，造成严重后果，主观恶性大，可以给予刑事处罚。

因已满十周岁不予刑事处罚的，责令他的家长或者监护人加以管教；必要时可以进行社区矫正。

第十六条 加害人实施校园暴力，主观恶性不大的，给予学校惩戒；构成违反治安管理行为的，依法给予治安管理处罚；构成犯罪的，依法追究刑事责任。

第十七条 对于触犯刑法但情节轻微、未违反刑法但情节恶劣或有违法倾向的未成年人，应当对其进行社区矫正。

第十八条 法律援助机构应当依法为校园暴力受害者提供法律援助。

第十九条 人民法院审理涉及校园暴力的案件，应注意保护未成年人的隐私，必要时可以邀请具有专业知识的人提供心理咨询帮助。

第二十条 人民法院审理涉及校园暴力的案件，可以根据学校反校园暴力工作小组工作记录、心理咨询专家意见、伤情鉴定意见等证据，认定校园暴力事实。

第二十一条 司法机关应当对施暴者和受害者进行判后实时跟踪，必要时进行心理干预，妥善处理。

第二十二条 本法自发布之日起施行。

从非暴力实施者角度谈校园暴力事件的防控对策

——基于125起视频资料的实证分析

张丹丹*

内容摘要：近年来，校园暴力事件发生的频率明显上升，其背后的原因也复杂多样。为寻找校园暴力事件发生的原因，提出科学而有效的防控对策，笔者收集、整理了相关校园暴力事件视频资料。通过分析发现，校园暴力事件的发生与持续在一定程度上与非暴力实施者的行为紧密相关。根据这一特点，笔者提出，制定校园暴力事件防控对策可从非暴力实施者视角来考量，即惩罚出谋划策的组织者、教育支持戏谑的助威者、警醒熟视无睹的逃避者。

近年来，各种校园暴力事件发生的频率越来越高，暴力的程度也越来越严重。据报道，大约有50万10至12岁的英国学生在学校遇到过身体暴力，并且在接受调查的人中，38%的学生表示上个月还被同学打过。校园暴力俨然已经成为威胁校园学生安全与健康的主要危险源之一。这正如日本文部科学省分析的一样：无论是哪个孩子，都有可能成为欺凌的受害者和施加者。并且在一定程度下，对同学施以欺凌的行为是会重复出现的。据不完全统计，在我国现行的四大视频门户网站（优酷视频、土豆视频、腾讯视频、爱奇艺视频）中有超过4000起校园暴力视频。鉴于此，各国以及各机构均表示了对预防校园暴力事件的关切。早在2013年，美国疾病控制和预防中心就将校园暴力事件确定为"重大的公共卫生问题"。从国

* 作者单位：江苏省扬州市中级人民法院。

外对校园暴力事件的研究以及我国有关校园暴力事件的视频资料上看，在这类案件中，除了施暴者以及受害者之外，还出现了第三类人群，即非暴力实施者。这主要是指与校园暴力施暴者相对的，未直接参与施暴，但却组织、鼓舞、援助、目睹校园暴力事件发生的一类群体。1993 年至 1999 年美国国家犯罪受害者调查对全美 12 岁及以上的青少年进行的大型入户调查发现：80% 发生在校园的攻击与抢劫案件都有一个或者更多的第三方在场，71% 发生在家到学校路上的暴力事件中也同样有第三方的存在。同样，研究者康奈尔等根据对小学生的观察发现：在 85% 的欺负行为中至少有一个同伴在场，在超过一半的事件中有两个或更多的同伴在场。从笔者随机在四大视频网站上收集、整理的 125 起案件上看，非暴力实施者出现的概率达 100% 。可见，非暴力实施者群体在校园暴力事件中呈现常态化，甚至有的还为校园暴力事件的发展增添助力，成为校园暴力事件的保护伞。据此，笔者对防控校园暴力事件有了新思路，即从非暴力实施者的视角防控校园暴力事件。

一、惩罚出谋划策的组织者

组织者主要是指通常隐藏在施暴者背后，在具体校园暴力事件实施过程中没有特殊的言行，却以引起、组织校园暴力事件的发生作为重要任务的一类非暴力实施者群体。他们虽然未实际实施暴力行为，但却是校园暴力事件发生的源头。笔者研究 125 起案件的视频发现，在 24 起案件中出现了这类群体，占总数的 19.2% ，出谋划策是这类组织者群体行为的基本特征。换言之，组织者以纠集、串联他人形成较为固定的校园暴力组织，并且指使、安排、调配人手实施具体校园暴力事件作为主要行为方式。虽然组织者仅属于非暴力实施者，但其距离校园暴力事件发生最近，是校园暴力事件的开端者，甚至可以说是校园暴力事件中的领导核心。从一定意义上看，组织者的存在导致了校园暴力事件的发生。而组织者出谋划策的行为，正反映了其具有一定的社会认识能力以及行为能力。这正是校园暴力事件中组织者具有一定刑事责任能力的表现。故而，必须对组织者予以惩罚，让其认识到自身行为的危害性，进而减少出谋划策校园暴力事件的行为，在从根源上预防校园暴力事件。

（一）惩罚组织者之依据：出谋划策，指导行为

组织者以出谋划策具体校园暴力事件作为重要的行为准则，其通过言语或行为怂恿施暴者施暴，或在施暴者施暴过程中给予行为指导，或在施暴过程中鼓励施暴者实施更为严重的施暴行为。组织者不仅引起了校园暴力事件的发生，同时还为施暴者提供了施暴手段以及心理上的支持和帮助。

第一，惩罚组织者，是因其引起了校园暴力事件，表现出较严重的社会危害性。组织者的首要任务在于发起校园暴力事件，为了完成这一任务，组织者常与施暴者建立“好朋友”“好哥们”的纽带关系。从身份上看，组织者多是施暴者的朋友或兄弟。具体可分为三类：一是组织者与施暴者和受害者均认识，并对受害者存在不满，发起校园暴力事件是为了借施暴者的手发泄对受害者的不满与憎恶。二是组织者与施暴者和受害者均认识，但并非对受害人不满，发起校园暴力事件是为了给施暴者撑腰，展现自身“朋友”和“大哥”的身份。三是组织者仅与施暴者认识，并且对受害者并非不满，发起校园暴力事件是为了履行帮助施暴者的承诺。无论组织者与施暴者以及受害者间的具体关系如何，组织者都是具体校园暴力事件的发起者。这种发起行为，一方面，是为了发泄自身对受害人的不满，与成年人犯罪事件中的教唆犯有极高的相似性；另一方面，是为了表达对施暴者的义气之情，显示自身作为操控大局的“大哥”形象。组织者具有一定的自我意识判断能力，在校园暴力事件中反映出较严重的社会危害性，因而，惩罚出谋划策的组织者是矫正组织者行为、责难组织者较严重的社会危害性的主要方法，也是从源头上遏制校园暴力事件发生的重要举措。

第二，惩罚组织者是因其出谋划策的行为为校园暴力事件的施暴者树立起坚实的后盾和保护网，让施暴者在施暴时有恃无恐。在校园暴力事件中，施暴者多是未成年学生，因其心智尚未成熟，在实施暴力行为时难免会表现出胆怯、没有底气等心理。特别是在实施校园暴力事件这一具有攻击性特点的行为之初，施暴者往往会有所疑虑与顾忌，会因为没有经验而不敢施暴。然而，组织者的出现解决了这一问题。组织者周密的计划打消了施暴者的顾虑，并为施暴者的行为增加了动力、指明了方向。组织者为

施暴者的整个施暴过程提供便利与保障，让施暴者在施暴时可以有条不紊，甚至是肆无忌惮。组织者为校园暴力事件发生提供保障，这种保障行为恰恰扩大了校园暴力事件的危害后果。因此，惩罚出谋划策的组织者是防止受害者受害的首要途径，也是斩断校园暴力事件发生的关键。

（二）惩罚组织者之对策：以教育性惩罚为主

从组织者在校园暴力事件中的地位以及作用来看，其主导了校园暴力事件的发生，开启了受害人的受害阀门，是校园暴力事件的核心领导者。在预防校园暴力事件时，惩罚出谋划策的组织者是从源头上降低、消除校园暴力事件发生概率的首要途径。同时，惩罚组织者可以消除校园暴力事件发生的前提基础，避免出谋划策的组织者产生法不责众、侥幸逃避法律责任的心理，进而达到威慑校园暴力事件中其他非暴力实施者的目的。但是，在校园暴力事件中，组织者大多数是与施暴者年纪相仿的未成年人，因此，对组织者进行惩罚必须坚持宽严相济的思想，秉承对未成年学生以教育为主的理念，坚持教育性惩罚的方式。

教育性惩罚，是指在法律和道德允许的范围内对学生的不当行为施加影响，使其认识到思想行为的错误，找到错误的原因和改正方法。教育性惩罚是将教育与惩罚两种方式结合在一起，以惩罚为落脚点兼顾教育性的处罚方式。对校园暴力事件中的组织者适用这种方式，既符合法律法规对未成年人的特殊保护，又能通过这种适当且合理的惩罚方式让组织者认识到自身恶性，进而不再挑起校园暴力事件。正如马卡连柯所言，合理的惩罚有助于形成学生的坚强性格，能培养学生的责任感，能锻炼学生的意志和人的尊严感，能培养学生抵制引诱和战胜引诱的能力。

将教育性惩罚方式具体运用到出谋划策的组织者身上，有以下两种对策：第一，由学校根据校园暴力事件的危害程度以及影响范围，对组织者进行法律允许的语言责备、隔离、剥夺某种权利、没收、留校、警告、处分、停学和开除等处罚。值得特别注意的是，不能对校园暴力事件中的未成年组织者进行体罚、变相体罚或心罚。这三种方式不仅违反我国法律，而且还会伤害学生的自尊、损伤学生的精神、阻碍其个性发展，导致未成年学生不但不能够认识到自身的恶性，反而产生“以牙还牙”的反抗心理以及“以暴制暴”的攻击性行为，通过组织策划更为严重的校园暴力事件回击校方，以发泄自身的不满。第二，责令校园暴力事件中组织者的学校和家长对其进行管教。学校老师要加强关注与管理组织者的在校行为，家长要严加督促组织者的交友情况以及课余娱乐方式。倘若组织者逃学辍学、父母离异，出现无人管教的情况，可将其送入工读学校学习。同时，可以责令其完成一定时间的社会服务，由组织者居住地的未成年人法庭法官对其进行监督。必要的时候可以强制实施，以期达到在惩罚过程中教育校园暴力事件中的未成年组织者、预防校园暴力事件的目的。

二、教育戏谑支持的助威者

助威者主要是指看似与校园暴力事件的实施没有直接关系，却间接影响着校园暴力事件的发展，以在校园暴力事件实施过程中为施暴者摇旗呐喊、助威鼓励为重要使命的一类群体。笔者研究 125 起案件视频发现，在 91 起案件中出现了这类群体，占总案件视频的 72.8%。戏谑支持是这类助威者群体主要的行为特点。在校园暴力事件中，助威者常常对受害者进行言语辱骂、戏谑取笑、推搡打闹、起哄嬉笑以及性别侮辱。通过这些行为，助威者鼓励施暴者，并对其予以认可，为其提供心理支持。助威者在校园暴力事件中扮演着辅助的角色，处于非暴力实施者群体的中间层面。在防控校园暴力事件时，强调对戏谑支持的助威者进行教育必不可少也不容忽视。这是从校园暴力事件发展的进程中防止类似事件恶化的主要方式。

（一）教育助威者之依据：戏谑玩闹，提供支持

在校园暴力事件实施过程中，助威者通过欢呼、嬉笑、辱骂或打骂等戏谑方式将校园暴力事件现场打造成为暴力实施的游戏场，并在此种环境中，为施暴者增添心理助力，让其以更饱满的激情实施施暴行为。因而，对具有这种行为方式的助威者必须予以教育。

第一，教育助威者是因其尚未形成正确的价值观，将暴力视作娱乐消遣的玩物，将校园暴力事件视为取乐的游戏场。助威者意图通过以下三种戏谑行为方式将校园暴力事件营造成为“玩暴力”的游乐场。一是助威者用手机记录校园暴力事件过程，并将相关视频在网络上传播。在好玩的心

理作用下，助威者用手机将校园暴力事件的过程记录下来，为在他人面前炫耀或是娱乐消遣提供素材。二是助威者在观看校园暴力事件的过程，在一旁嬉笑起哄，特别是在校园暴力事件发生到高潮或是受害人被扒衣服时，助威者常以嘘声、鼓掌、嬉笑、谩骂或比剪刀手等方式表现自身的兴奋、满足内心的快感。三是助威者在施暴者实施校园暴力事件过程中辱骂受害者。对于校园暴力事件的受害者，助威者可能也存有不满的情绪。不论助威者在校园暴力事件中采取何种方式的行为，其戏谑行为都有意或无意地将校园暴力事件的发生场所当作一个再平常不过的游戏场，将校园暴力事件当成一种玩暴力的游戏，并以此为乐。这种玩暴力的行为带有强烈的游戏性质。其不是以玩要的形式实施暴力，而是以暴力的形式在玩要。教育助威者正是为了批评其在校园暴力事件中的错误行为，扭转其以暴力为乐、游戏人生的价值观念。

第二，教育助威者是因其行为大大满足了施暴者的虚荣心理，致使其更加卖力地施暴，从而扩大了校园暴力事件的危害后果。在校园暴力事件中，施暴者大多正处于交友愿望最强的青少年成长阶段，在他们的价值体系当中，同伴的友谊比家长的关爱以及老师的管教更为重要。同时，同伴友谊在诸多影响未成年人学生行为的因素中占据首要地位。并且，未成年学生高度重视与同伴间的关系，热切渴望在与同伴的交往过程中获得同伴的认可、赞扬与肯定。而就校园暴力事件而言，助威者虽然没有实施具体施暴行为，但施暴者的行为可能正好将助威者想做但没有做的行为表现出来。所以，助威者通过嬉戏、哄闹、辱骂等戏谑行为表达自身对施暴者行为的肯定与赞同。这不仅给予施暴者鼓励，为施暴者提供情感支持，同时还增强施暴者的心理助力。更为重要的是，助威者肯定与鼓励的行为满足了施暴者有面子的虚荣心理，促使其更加兴奋，投入更多的热情以卖力“演出”，旨在博得更多助威者的“掌声喝彩”，结交到更多“志同道合”的朋友。助威者与施暴者之间的互动，致使施暴者更加放肆地对受害者施暴。这不免扩大了校园暴力事件的危害，并让施暴者实施更为严重的施暴行为，表现出更大的危险性。

（二）教育助威者之对策：以多元化引导为主

助威者虽未直接参与施暴，但其支持戏谑的行为影响着施暴者，并间接加剧了受害人的受害程度，必须对其进行教育，端正其人生观与价值观，避免戏谑支持的行为，远离校园暴力事件。

具体来说，在预防校园暴力时，可以从心理认识、行为方式以及校园环境等三方面教育戏谑支持的助威者。首先，建立心理访谈室，开展心理访谈活动。心理访谈活动主要是通过一对一或一对多的谈话方式，以一种温婉、感性、真诚的谈话方式与助威者进行交流，从而让其消除心理抗拒，倾吐内心动态，释放个人情绪。其次，设计模拟实验，实施情景模拟教学。模拟教学是为了让行为人身临其境，让其在面对相关情形时可以选择正确的行为，而不至于随波逐流，作出错误的行为。将这一预防对策运用到校园暴力事件中，主要是模拟校园暴力事件的发生，在出现助威者支持戏谑的行为时，及时制止并加以教育。对这一方式的运用，以广东卫视拍摄的《你会怎么做？当目睹校园暴力》节目为代表。这一节目讲述了未成年学生在上下学途中遭遇校园暴力事件的故事。在节目中，节目组刻意安排让未成年学生遭遇校园暴力，以观察、教育周围非暴力实施者的行为。当校园暴力事件发生时，安排专有人员，制止助威者的行为，并对其进行教导。再次，完善校园环境，保障学生正常发展。对于未成年学生来说，其大多数时间都处于学校的管理以及教导当中。校园环境极大地影响并培养着未成年人待人接物、为人处世的能力。通常来说，受社会正能量熏陶的、良好积极的校园环境可以培养未成年学生正直、乐观、向上的性格。相反，受到社会不良习气影响的江湖文化、流氓文化等校园亚文化使部分未成年学生养成流氓、暴力等不良习气。这种经多年沉积形成的不符合现行社会规范的亚文化，不仅影响校园环境的建设，同时也阻碍未成年学生正常发展，而校园暴力事件正是这一文化的产物。因此，防控校园暴力事件，必须营造健康的校园环境。学校可以通过举办丰富多彩且具有积极意义的校园活动，在培养未成年学生的兴趣爱好的同时，增加对正确价值观以及是非观的宣传，促使未成年学生形成正确的人生观以及价值观。同时，还可以分散未成年学生的注意力与精力。

三、警醒熟视无睹的逃避者

逃避者主要是指早已留意到校园暴力事件的全过程，但却假装没有察觉，而一语不发、不为所动的一类群体。笔者研究 125 起案件视频发现，在52起案件中出现了这类不同于组织者与助威者对校园暴力事件有实际助力的逃避者群体，占总案件视频的41.6%。熟视无睹是逃避者群体主要的行为特点，逃避者虽未策划、鼓励校园暴力事件，但也未制止校园暴力事件的发生，而是以一种视而不见的方式纵容、默许该类事件的发生。这一群体距离校园暴力事件的发生最远，处于非暴力实施者群体的最外围。同时，其也是距离救助校园暴力事件的受害者最近的群体，是救援受害者的主力军。

（一）警醒逃避者之依据：熟视无睹，忽视责任

熟视无睹的逃避者深受鸵鸟心理、责任扩散思想的影响，他们对校园暴力事件视若无睹，放任其发生，从而错过了救助的时机与机会。对逃避者进行警醒，主要是为了消除其熟视无睹的侥幸心理，宣扬助人为乐的社会正能量。

警醒逃避者是为了让其摒弃鸵鸟心理，加强关注社会问题。面对发生在身边的校园暴力事件，逃避者通常采取熟视无睹的行为来忽视这一社会问题的存在。具体来说，逃避者熟视无睹的行为主要表现为以下四方面：一是逃避者站在校园暴力发生的一旁，看着暴力事件的发生，既没有向有关部门求助，也没有出声喝止。二是逃避者从校园暴力事件发生的周围走过，但没有喝止，也没有将受害人带离施暴现场。三是逃避者捂着嘴，从校园暴力事件旁边匆匆逃走。四是逃避者发现校园暴力事件后，装作什么都没有发生，继续做自己的事。逃避者试图通过自己的行动刻意回避周遭发生的校园暴力事件，这一行为完全是鸵鸟心理的写照，是一种逃避现实的心理，也是一种面对问题的懦弱行为。逃避者认为只要自己不去关注校园暴力事件，这一事件在自己的世界中就完全不存在。逃避者不会因为施暴者的行为而感到愤怒，也不会因为受害者受害而感到忧伤，更不会因为自身没有施救而感到羞耻。并且，受鸵鸟心理驱使的逃避者会变得愈来愈冷漠。这必将导致人与人之间的距离越来越远，整个社会的氛围也随之淡薄。在防治校园暴力事件时，必须警醒逃避者，让其能够关注并重视校园暴力事件。这是推进逃避者去制止校园暴力事件，救助受害者的基础与前提。

警醒逃避者是为了让其消除责任扩散的思想，重新正视社会责任。责

任扩散是指利他行为会受到环境因素的影响，当发生了某种紧急事件时，如果有其他人在场，在场者所分担的责任就会减小。由于他人的在场，使得个体抑制了利他行为。而校园暴力事件中的逃避者正深受这一思想的影响。当校园暴力事件发生时，若是还有其他非暴力实施者在场，逃避者就会尽可能地忽略自身分担的社会援助责任或是认为自身根本就不存在救助他人的社会责任，进而抑制自己对受害者进行施救。但是，与责任扩散思想相对的目标感染理论就能很好地解决这一问题。目标感染是指个体自动地从他人的行为信息中推测其目标并无意识地追求这一目标的现象，其强调的核心在于自动化和无意识性，受感染者受到相关行为的刺激之后产生了追求某目标的渴望或行为。并且，这一目标是已经存在于个体头脑中的，即目标感染是通过观察来激活已经存在于观察者头脑中的目标表征，并为实现这一目标而采取某些行为。依照这一理论，在非暴力实施者群体中，只要有一人阻止施暴者，其他逃避者就会像受到感染一样，逐渐认识到自身的责任，进而加入阻止施暴者、救助受害者的队伍之中。

（二）警醒逃避者之对策：以营造社会氛围为主

在面对校园暴力事件时，逃避者持一种既不赞成也不反对的态度。这种态度让逃避者成为最有可能救助受害人的一类群体。警醒熟视无睹的逃避者，在减少校园暴力事件中是不可缺失的一环，而营造社会正能量的氛围正是警醒逃避者最有效的方法，因为环境对人们言行的影响远胜于任何说教。具体来说，矛盾激化的社会环境容易让人们变得尖锐敏感、愤世嫉俗。相反，积极文明的、充满正能量的社会环境可以提高人们的积极性，让人们生活得更阳光。

营造饱含正能量的社会氛围对防治校园暴力事件具有重要的意义，但是实现这一目标并非仅靠一朝一夕或是一省一市的规定。相反，营造正能量的社会氛围是一个带有社会属性的国家问题，必须依靠长时间在全社会、普及与倡导社会主义核心价值观，才能实现。具体来说，主要有以下四种对策：增加对正确价值观的宣传，使其逐渐深入人心，成为所有人的行为指南；加强对违法犯罪事件的惩处，以减少社会危险源，提高人们的生活安定感；整肃媒体环境，使其成为完善社会道德价值观的好帮手；增加对热衷救助他人事件的表彰以及宣扬，同时，可给予救助人适当的物质奖励，以宣扬社会正能量。

概而言之，熟视无睹的逃避者纵容、助长了校园暴力，其是帮助校园暴力事件得以顺利发展的遮蔽物，因而，对其进行警醒，最有可能使他们成为遏制校园暴力事件发生的主要力量。换言之，只要给逃避者一个推力，就能让他们迈出救助受害人的一小步，给受害者带来温暖，进而规劝施暴者、组织者以及助威者，预防校园暴力事件。

一言以蔽之，非暴力实施者这一群体在校园暴力事件中扮演着组织者、鼓励者、逃避者等不同的角色。虽然其没有直接对受害者实施暴力行为，但是却从各方面影响着校园暴力事件的发生，支撑着校园暴力事件的发展。因此，对不同非暴力实施者进行规制，是防控校园暴力事件中一项不容小觑的工作。惩罚出谋划策的组织者、教育支持戏谑的助威者，以及警醒熟视无睹的逃避者，可以以减少校园暴力事件，保护未成年学生安全，构建健康的校园环境，提升社会大众的信心，增加人们的幸福感。

加强源头防治　完善少年司法　保障健康成长

——上海市长宁区人民法院关于涉未成年人刑事案件审理情况的调研报告

宓秀范　许思思*

核心提示：未成年人是祖国的未来、民族的希望，预防未成年人违法犯罪关系到家庭的幸福安宁与社会的和谐稳定。上海市长宁区人民法院自1984年10月成立全国首个“少年犯合议庭”以来，始终坚持“教育、感化、挽救”的方针和“教育为主、惩罚为辅”的原则，先行先试了如圆桌审判制度、社会调查制度、法庭教育制度、合适成年人出庭制度、强制亲职教育、“政法办案一条龙”和“社会支持一条龙”工作机制等诸多未成年人刑事审判特色机制，为未成年人改过自新、重新回到学校、回归社会作出了积极努力，为中国少年审判事业发展贡献了长宁智慧和长宁方案。值此少年法庭成立35周年之际，为进一步推进未成年人刑事审判工作，长宁区人民法院成立课题组，对该院2014年至2019年9月的未成年人刑事审判工作情况进行了专题调研。

一、基本情况

2014年至2019年9月，上海市长宁区人民法院（以下简称长宁区法院）共审结未成年人刑事案件184件217人，其中未成年被告人刑事案件160件182人，未成年被害人刑事案件23件35人。涉未成年人刑事案件具有以下特点。

---

* 作者单位：上海市长宁区人民法院。

（一）未成年被告人刑事案件总体呈先降后升态势

2014 年审结未成年人犯罪案件 28 件 30 人，2015 年下降为 12 件 13 人，2016 年为 15 件 17 人，2017 年为 27 件 32 人，2018 年为 34 件 42 人。（见图 1）

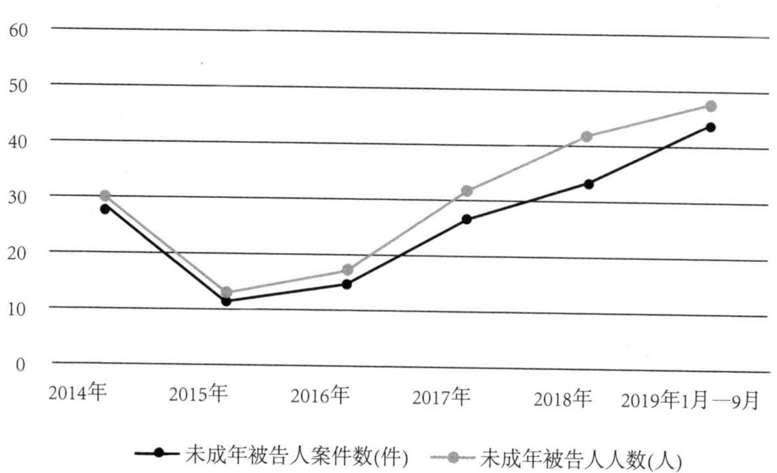

图 1　2014 年至 2019 年 9 月长宁区法院审理的未成年被告人刑事案件情况

（二）未成年人犯罪以侵害财产型犯罪为主

侵害财产型犯罪人数为 116 人，占未成年被告人数量的 63.73%。其中犯盗窃罪 78 人，占财产型犯罪人数的 67.24%。此外，2017 年至 2019 年 9 月，该院受理利用网络实施盗窃、诈骗、破坏计算机信息系统等类型案件 32 件，占这两年多审结的未成年被告人刑事案件总数的 30.48%，未成年人网络盗窃、诈骗犯罪现象初现端倪。

（三）未成年被告人呈现“一低二高”特点

未成年被告人受教育程度偏低，文盲、小学、初中文化程度的未成年被告人共计 132 人，占 72.53%，其中有 52.2% 未完成九年制义务教育。非本地籍未成年被告人占比居高，非本地籍未成年人犯罪共计 158 人，占 86.81%。无业未成年被告人占比居高，未成年被告人在实施犯罪行为时无业的有102人，占56.04%。

（四）未成年被告人的刑罚适用呈现“一高一低”特点

短期自由刑适用率居高、缓刑适用率偏低。被判处拘役23人，一年以下有期徒刑35人，合计58人，占43.28%；被宣告缓刑的仅有27人，占20.15%。

（五）未成年被害人刑事案件以性侵未成年人案件为主

调研时间段内，该院审结的未成年被害人刑事案件数量及涉案人数增幅明显，且以性侵未成年人类犯罪为主。其中强奸罪7人，猥亵儿童罪6人，强迫卖淫罪2人，引诱、容留、介绍卖淫罪2人，强制侮辱猥亵罪1人，共计18人，占51.43%。近两年，教职工利用教育、培训的职业便利实施侵害未成年人犯罪的数量有所增加。2018年至2019年9月，该院审结此类猥亵儿童罪案件4件4人，涉及未成年被害人9人。（见图2）

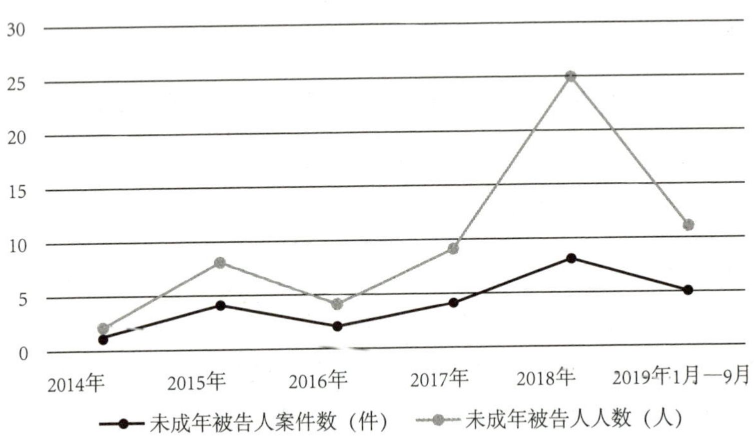

图2　2014年至2019年9月长宁区法院审理的未成年被害人刑事案件情况

二、成因分析

（一）未成年人的认知存在偏差

14周岁至18周岁的未成年人正处于青春期，世界观、人生观、价值观都处在塑造阶段，易受外来因素的影响，辨别是非的能力和自控能力较差，遇事易冲动，理性思考能力欠缺，往往不能冷静面对压力和诱惑，不能建立良好的社会交往关系，容易放纵自我，寻求刺激，以身试法，其中尤其以犯罪时已满17周岁不满18周岁的未成年人居多。

（二）很多未成年人脱离家庭监管

从177份未成年被告人社会调查报告反映的情况看，有166名未成年被告人脱离父母监管，占未成年被告人总人数的91.2%。他们的父母或忙于生计，外出务工，无暇照顾子女，将子女留在原籍，平时极少联系交流；或离异、重组、早逝，导致未成年人长期无人照顾、无人监管；或父母管教方式不正确，教养方式或是简单粗暴，或是放任不管。该院审结的非本地籍未成年人犯罪案件中，绝大部分未成年被告人的父母均常年忙于打工，对子女疏于关心、管教，甚至不了解自己孩子的去向，使未成年人脱离家庭监管，踏入社会后受到不良影响从而走上犯罪道路。

（三）对辍学未成年人管理教育欠缺

部分初、高中学生因学业不佳、家境困难等原因辍学，有的外出打工，有的闲散在家，而学校、家庭及社区对待业或辍学在家的未成年人缺乏管理教育，这些未成年人闲荡于社会，无所事事，容易与不良朋辈交往，沾染不良习气，妄想不劳而获，成为潜在的危险因素。

（四）与未成年人关系密切的相关行业准入、监管不到位

利用教育、培训未成年人的职业便利，实施侵害未成年人犯罪的数量不断增加，除了性侵未成年人行为具有高重犯性以外，还因为与未成年人关系密切的相关行业管理不严，对应聘人员入职审核不充分，日常管理工作不到位，而现行法律中又没有对性侵人员进入此类行业作出从业禁止和入职查询的强制性规定。

三、对策建议

（一）让未成年人的“第一任老师”更好履职

亲职教育是指“怎样为人父母”的教育，使为人父母者知道如何履行

父母职责。监护人教育和监护职责履行缺位、家庭教养方式不当是问题少年和困境儿童产生的重要原因。生养而不教养，教育方式不当，严重影响未成年人身心健康发展。尽管相关法律规定未成年人监护人有为未成年人身心健康发展提供良好家庭教育的责任和义务，一旦失责，必须承担失责失职的法律责任。但总体来看，对亲职教育的法律规定缺乏强制性措施，实践中难以真正落实。

为此，要在案件审理过程中，由审判组织、公诉人对教育失当的父母当庭开展教育；对于遗弃、虐待等侵害未成年子女的父母，则在判决书中以禁止令形式强制他们不得逃避应尽的亲职教育。在具体方式上，可以以政府购买服务的形式，委托专门的家庭教育辅导机构或者邀请教育学、心理学等相关领域的专业人员开设强制亲职教育课程活动，要求监护责任缺失的父母参加此类课程活动；或联合妇联、青保办、社区社工在回访时对监护责任缺失的父母开展亲职教育，跟进未成年人的判后生活情况。

（二）对符合条件的未成年被告人依法判处缓刑

有期徒刑、拘役等刑罚将未成年人置于监狱、少年犯管教所、看守所等场所，极大地增加了未成年人受到犯罪污染的可能，不利于未成年人回归社会和健康成长。为此，从未成年人最大利益出发，有必要依法为未成年人争取缓刑。为此，要继续加强社会调查工作，从未成年被告人的自身、家庭、成长背景等多方面了解其犯罪原因，掌握认罪悔罪情况，尤其要了解其人身危险性和再犯可能性，把社会调查报告作为对未成年人判处非监禁刑的重要依据之一。要推动刑事和解工作，促使矛盾化解、达成刑事谅解。坚持未成年人刑事和解的“三从”工作方法，即从宽掌握适用范围、从紧掌握适用条件、从严掌握适用程序，尽量促进未成年被告人与被害人和解。凡犯罪情节较轻，被告人有悔罪表现，没有再犯危险，宣告缓刑对所居住社区没有重大不良影响的，应适用缓刑。

（三）继续完善少年司法“两条龙”工作机制

真正有效的少年司法需要运用广泛的社会资源，这是一项复杂的社会系统工程。上海作为我国少年司法发源地，最早提出并建立了“两条龙”工作机制——公检法司“政法办案一条龙”和政府、社会多部门参与的

"社会支持一条龙"，在未成年人司法工作实践中也取得了良好成效。但目前与其他省市相关部门的沟通协作仍存在一定障碍，给未成年人保护工作带来一定影响。为此，可在全国推广少年司法"两条龙"工作机制，探索建立跨行政区域的"两条龙"协作模式，打通与其他省市相关部门之间的沟通渠道，从而更好地保护未成年人合法权益。

（四）构建未成年人保护的三层网络

要加强家庭保护、学校保护和社会保护。在重视未成年人文化知识教育的同时，加强道德和法制教育，培养他们健全的人格，帮助他们树立正确的人生观、世界观和价值观。要加强早期干预、临界干预和违法干预力度，引导和帮助未成年人回归家庭、回归校园、回归社会。父母应投入更多时间和精力与子女交流，关心孩子的心理健康，了解孩子的想法，避免简单、粗暴管教。学校应在日常教学计划中安排一定量的法治教育课程，并对学生暴露的行为偏差苗头及时发现、及时干预，并在德育方面加强与学生家长的沟通。

（五）建立接触未成年人行业的从业禁止和入职查询

2019年5月29日，上海发布了全国首个省级涉性侵害违法犯罪人员从业限制制度，从适用范围、入职审查、从业限制、执行机制、监督管理等八个方面作出规定，健全完善了与未成年人密切接触行业从业人员的招录和管理机制，这对于预防性侵、虐待未成年人的犯罪具有重要意义。笔者建议，应当尽快将密切接触未成年人相关行业的从业禁止及入职查询上升到法律层面，明确密切接触未成年人相关行业的内涵、外延，从业禁止适用的对象和条件，应聘人员的强制报告义务，以及违反从业禁止、入职查询规定的法律后果，消除当前"从业禁止"法律依据不足的尴尬。要通过多部门协同合作，尽快建立全国性的性侵、虐待未成年人行为的罪犯和违法者的信息登记、公告和强制性背景审查制度，建立全国性侵、虐待未成年人违法犯罪人员信息库，设置一定的信息采集规则，将司法办案中认定有此类侵害未成年人行为的违法犯罪人员个人信息输入该信息库中，形成"信息池"，让此类人员无所遁形，全面筑起保护未成年人身心健康的安全防线。

【规范性文件】

民政部　国资委　全国总工会　共青团中央
全国妇联　全国工商联
关于劳动密集型企业进一步加强农村留守儿童和困境儿童关爱服务工作的指导意见

2019年11月20日　　民发〔2019〕116号

各省、自治区、直辖市民政厅（局）、国资委、总工会、团委、妇联、工商联，新疆生产建设兵团民政局、国资委、总工会、团委、妇联、工商联，有关中央企业：

党中央、国务院高度重视农村留守儿童和困境儿童关爱服务工作，作出了一系列重大决策部署。劳动密集型企业用工量大且农村务工人员高度集中，教育引导支持务工父母强化家庭监护主体责任，采取多种方式关心关爱农村留守儿童和困境儿童，对提升企业职工素质、增强企业凝聚力、履行企业社会责任、提升企业形象，更好维护农村留守儿童和困境儿童基本权益，具有重要意义。为进一步促进广大劳动密集型企业教育引导务工父母切实强化责任意识，依法履行对未成年子女的监护职责和抚养义务，进一步做好农村留守儿童和困境儿童关爱服务工作，现提出如下意见。

一、总体要求

（一）指导思想。以习近平新时代中国特色社会主义思想为指导，全面贯彻党的十九大和十九届二中、三中、四中全会精神，牢固树立以人民为中心的发展思想，推动劳动密集型企业落实《国务院关于加强农村留守儿童关爱保护工作的意见》（国发〔2016〕13号）和《国务院关于加强困境儿童保障工作的意见》（国发〔2016〕36号）有关要求，切实做好广大农村留守儿童和困境儿童关爱服务工作。

（二）基本原则。坚持围绕中心、服务大局，助力打赢脱贫攻坚战和实施乡村振兴战略；坚持履行企业社会责任与促进企业发展相结合，推进企业文化建设，增进务工人员家庭和谐；坚持儿童利益最大化，全方位维护儿童合法权益。

（三）目标任务。劳动密集型企业务工人员家庭监护主体责任意识进一步增强，农村留守儿童和困境儿童监护质量有效提高，实现“挣钱”与“顾家”两不误；企业履行社会责任意识进一步增强，职工素质和企业形象双提升，经济效益与社会效益双促进。

二、主要内容

（一）开展专题宣讲。劳动密集型企业要通过开展专题宣讲等方式加强对务工人员家庭监护主体责任的教育引导。强化政策引导，深入工厂、工地、职工宿舍等场所，通过开办家长学校、现场宣讲、座谈交流、录制专题宣传片、发放宣传手册等多种方式，宣扬中华民族传统家庭美德，引导务工人员依法履行对未成年子女的监护职责和抚养义务；结合劳务用工基地建设，向监护人和受委托监护人宣讲儿童优先理念，宣讲促进儿童发展保护相关法律、法规、政策及正确的监护方法，引导其提高监护能力。强化家庭责任教育，通过开展家风家教巡讲进企业等活动，增强家长监护主体责任意识，为促进孩子健康成长营造良好的家庭环境。突出沟通技巧，通过专家授课、集中培训、在线学习等方式，帮助务工人员掌握亲子沟通技巧方法，提高亲情关爱能力，做到亲情关爱不因外出务工而减弱。组建宣讲团队，借鉴现有企业成功经验模式，发动企业内部干部职工、务工人员和志愿者，打造一支素质高、政策精、热情高、服务好的政策宣讲团队，积极组织政策宣讲。探索推进将监督务工人员依法履行监护职责、务工人员承诺履行监护职责纳入职工诚信体系建设。

（二）加强亲情关爱。劳动密集型企业要进一步关心关爱务工人员及其子女，在企业发展的同时，不断改善务工人员的工作和生活条件，为他们履行家庭责任提供更大支持。有条件的企业要通过开发社会工作岗位，购买社会工作服务等形式，引入专业社会工作者为务工人员及其子女提供心理疏导、能力提升、社会融入等服务。有条件的企业，要通过设立亲情电话、亲情视频聊天室以及赠送免费通话时长、流量等方式，为务工人员加强与留守未成年子女的联系沟通提供支持，使其能够及时了解孩子的生活、学习和心理状况。在春节、国庆等重要节假日以及暑假期间，通过协调有关部门提供购买车票等便利、开展“小候鸟关爱”、组织反探亲等活动，为务工父母和留守子女团聚创造条件，号召家长尽量在假期多陪伴孩子、增进亲子感情。有条件的企业可逐步将产业向中西部地区转移，推动务工人员返乡创业、就近就业。

（三）组织困难帮扶。劳动密集型企业要加大对有农村留守儿童和困境儿童的困难职工家庭的帮扶力度，加强困难救助和人文关怀，逐步建立长效帮扶机制，实现帮扶工作的常态化、制度化和规范化。努力打造一批关爱服务农村留守儿童和困境儿童的品牌公益项目或示范慈善项目，为农村留守儿童和困境儿童提供持续、稳定的关爱服务。要结合脱贫攻坚和乡村振兴战略，结合企业劳务基地建设，重点关注贫困地区、偏远山区特别是“三区三州”等深度贫困地区的农村留守儿童和困境儿童生活状况，通过结对帮扶、慈善救助、实施公益项目等多种方式为困难职工家庭及其子女提供更多支持和帮助。

三、工作措施

（一）明确职责分工。各级民政部门要充分发挥农村留守儿童关爱保护和困境儿童保障工作领导协调机制作用，将劳动密集型企业关心关爱农村留守儿童和困境儿童纳入重点工作内容统筹谋划；要会同国资委、工商联等部门和单位认真梳理本地区劳动密集型企业，建立企业名册，完善工作机制，通过定期会商、建立工作群等方式加强沟通对接，并及时将企业名册及工作对接方式等信息告知工会、共青团、妇联等单位，便于工作开展；要主动提供关爱服务的重点区域、重点对象、重点项目，主动提供宣讲政策和关爱服务相关资料，为企业开展精准关爱服务提供信息指引。各级国资委、工商联要主动与当地民政部门对接，并指导劳动密集型国有企业、私营企业等健全工作体系，落实相关责任，推进开展相关工作。劳动密集型企业要充分发挥党组织的政治核心作用，将农村留守儿童和困境儿童关爱服务工作列入企业党的建设、企业文化建设范围统筹谋划部署，并明确具体负责部门和负责人。各级工会、共青团、妇联组织要指导劳动密集型企业工会、共青团、妇女组织，广泛动员广大职工、团员青年、务工妇女争当宣讲志愿者、争做依法履行监护职责模范，组织开展多种形式的关爱服务和互助活动，协同做好农村留守儿童和困境多种形式的关爱服务工作。

（二）加强资源整合。民政部门要发挥在慈善组织登记管理、慈善项目推介等方面的职能作用，对符合条件的关爱服务成效显著的企业优先纳入各级慈善表彰推荐范围。劳动密集型企业要加强与各级民政、国资委、工商联等部门工作会商，有条件的企业可研究设立“关心关爱农村留守儿童和困境儿童专项基金”，进一步完善服务平台，为有需求的对象及时提供精准救助、有效帮扶。工会、共青团、妇联组织要充分挖掘自身优势，动员团体会员、社会组织以及各类志愿者队伍等社会力量，广泛开展适合农村留守儿童和困境儿童特点的关爱、维权、帮扶等服务。

（三）加强宣传引导。各级民政、国资委、工商联等部门和单位要及时组织开展农村留守儿童和困境儿童关爱服务工作表扬奖励活动，企业要积极推荐优秀集体和个人，推送各类优秀项目、典型事例。各级民政、国资委、工会、团委、妇联、工商联等要加强信息交流和报送，及时推广好经验、好做法，协调报刊、广播、电视、网络加大对劳动密集型企业关爱服务农村留守儿童和困境儿童的宣传报道力度，营造良好氛围。

中国关心下一代工作委员会　中共中央组织部
教育部　民政部　全国总工会　中国科学技术协会
国务院妇女儿童工作委员会办公室　中央军委政治工作部

关于印发《关于进一步发挥五老队伍在加强青少年思想道德建设中的作用的意见》的通知

2019 年 12 月 6 日　　中关工委〔2019〕16 号

各省、自治区、直辖市、新疆生产建设兵团关工委，党委组织部、老干部局，教育厅（委、局）、民政厅（局）、总工会（工会）、科协、妇儿工委办公室，各战区、各军兵种、军委机关各部门、军事科学院、国防大学、国防科技大学、武警部队政治工作部（局、处）：

2004 年 6 月，中国关工委、中组部等部门联合下发了《关于发挥“五老”队伍在加强和改进未成年人思想道德建设中的作用的通知》（以下简称《通知》）。多年来，各部门认真贯彻落实《通知》精神，发挥五老的政治优势、经验优势、威望优势，在加强青少年思想道德建设，助力贫困地区脱贫攻坚，维护青少年合法权益，关爱保护农村留守儿童和困境儿童等方面做了大量工作，取得了明显的成绩。党的十八大以来，习近平总书记就如何加强青少年思想道德建设作出一系列重要论述，并在对关心下一代工作的重要指示中特别强调，要弘扬“五老”精神，尊重“五老”，爱护“五老”，学习“五老”，重视发挥“五老”作用，推动关心下一代事业更好发展。为深入贯彻落实习近平总书记的重要指示精神，充分发挥五老的优势和作用，适应新形势新任务新要求，中国关工委、中组部、教育部、民政部、全国总工会、中国科协、国务院妇儿工委办公室、中央军委政治工作部共同对《通知》进行了修订完善。现将《关于进一步发挥五老队伍在加强青少年思想道德建设中的作用的意见》印发你们，望结合实际认真贯彻落实。

关于进一步发挥五老队伍在加强青少年思想道德建设中的作用的意见

为深入贯彻落实习近平新时代中国特色社会主义思想，贯彻落实习近平总书记对关心下一代工作的重要论述，更好发挥广大老干部、老战士、老专家、老教师、老模范（以下简称五老）等老同志的优势和作用，坚持服务青少年的正确方向，全力培养德智体美劳全面发展的社会主义建设者和接班人，现就进一步发挥五老队伍在加强青少年思想道德建设中的作用提出如下意见。

一、充分认识发挥五老队伍作用的重要意义

广大五老在我国长期的革命、建设、改革实践中积累了丰富经验，具有不可替代的政治优势、经验优势、威望优势，是加强青少年思想道德建设的宝贵资源，是确保中国特色社会主义建设事业薪火相传的一支重要力量。党的十八大以来，以习近平同志为核心的党中央对尊重五老、爱护五老、学习五老，重视发挥五老作用作出一系列重要指示。各地区和有关部门采取有效措施，重视和引导五老发挥独特优势，着力在加强青少年思想道德建设，助力贫困地区脱贫攻坚，维护青少年合法权益，关爱保护农村留守儿童和困境儿童等方面发挥了积极作用，青少年思想道德建设工作取得了显著成效。同时也要看到，随着国际国内形势深刻变化，不同思想文化交流交融交锋，社会思潮多元多样多变，特别是西方敌对势力始终把我国青少年作为渗透争夺的重点，西化分化中国的政治图谋手段更加隐蔽、方式更加多样。随着我国改革开放和社会主义市场经济的深入推进，互联网等新的传播渠道的迅速发展，各种价值观念相互交织碰撞影响，青少年思想道德建设面临许多新情况新变化。把青少年一代培养成德智体美劳全面发展的社会主义建设者和接班人，是事关党和国家前途命运的重大战略任务。各地要从民族振兴、社会进步、经济发展的战略高度，充分认识做好新时代青少年思想道德建设的重要性和紧迫性，切实发挥好五老队伍作用，为我国经济社会持续发展，为实现中华民族伟大复兴的中国梦贡献力量。

二、坚持把帮助青少年立德树人作为五老的根本任务

立德树人，培养德智体美劳全面发展的社会主义建设者和接班人，是党中央赋予广大五老的根本任务。要准确把握立德树人的时代内涵，抓住培养什么人、怎样培养人、为谁培养人这个根本问题，围绕培育和践行社会主义核心价值观，对青少年健康成长过程中遇到的重大理论和现实问题，有针对性地加强教育和引导。要加强对青少年的理想信念教育，开展好党史、新中国史、改革开放史和形势政策教育，讲好中国故事，讲好中国共产党故事，讲好新时代中国特色社会主义故事，增强青少年对中国特色社会主义的道路自信、理论自信、制度自信和文化自信，树立起为中华民族伟大复兴而勤奋学习的远大志向，立志听党话、跟党走。广泛深入开展爱国主义教育，充分利用各地爱国主义教育基地，组织开展生动活泼特色鲜明的主题教育活动，引导青少年树立和坚持正确的马克思主义祖国观、民族观、文化观、历史观，大力弘扬我党我军光荣传统和优良作风，号召青少年学习时代楷模、战斗英雄，颂扬革命精神，不断增强爱国意识和爱国情怀，让爱国主义精神在青少年心中牢牢扎根。大力弘扬中华优秀传统文化，利用文化遗产，特别是历史文物和传统节日，引导青少年感受中华文化魅力，让中华优秀传统文化一代代传承下去，在缅怀先贤、孝老敬老中弘扬文明新风，养成良好个人品德和社会公德。深入开展以宪法为核心的法治宣传教育，把社会主义核心价值观要求融入到青少年法治教育的全过程，弘扬社会主义法治精神，引导青少年自觉守法、遇事找法、解决问题靠法，依法维护自身权益，成为社会主义法治的忠实崇尚者、自觉遵守者、坚定捍卫者，为全面依法治国夯实坚定基础。广泛开展“争做新时代好少年”“老少共筑中国梦”“传承红色基因，争做时代新人”等实践活动，教育引导青少年继承我们党带领人民进行革命和建设形成的革命精神，把爱国情、强国志、报国行融入新时代的追梦征程中，凝聚起同心共筑中国梦的磅礴力量。

三、发挥五老在关爱帮扶活动中的教育引领作用

各级党委、政府和有关部门要通过多种形式，组织引导五老在帮扶青年农民致富，关爱农村留守儿童、困境儿童和参与社会治理等方面发挥服务和推动作用。围绕乡村人才振兴，有针对性地开展产业扶贫和农村青年

创业致富带头人培养工作，助力大众创业、万众创新，引导青年农民弘扬自尊自信自立自强精神，激发创新创业创造的智慧和热情。加强儿童权益保障法律法规、农村留守儿童和困境儿童保障工作政策宣传，广泛开展形式多样的教育活动。依托儿童之家、四点半学校、校外辅导站等关爱阵地，开展适合留守儿童和困境儿童特点和需求的关爱、帮扶、维权等服务，让他们同在蓝天下健康成长。要抓好失足、失管、失学、失业、失亲“五失”青少年以及服刑人员子女等青少年群体的服务管理、预防犯罪和帮扶教育工作，注重从思想上关心、情感上关怀、心理上疏导，帮助他们树立健康积极的生活态度，更好地适应和融入社会。扎实推动“五老关爱工程”“儿童之家”“脱贫攻坚青春建功行动”“农村青少年校外教育”等关爱工作品牌建设，把更多注意力放在深度贫困地区和特殊贫困青少年群体身上，着力为他们办实事解难事，助力青少年成长成才。

四、动员五老参与优化青少年健康成长良好环境

各有关部门要动员更多具有教育、政法、宣传、文化、科技工作经历及文体特长，能力强、有爱心的五老参加关心下一代工作。五老要加强对青少年思想道德建设和成长环境中的重点问题、难点问题的调查研究，摸清青少年成长中的新情况新问题，积极探索解决问题的途径和措施，发挥党委政府联系青少年的桥梁和纽带作用。注重家庭、注重家教、注重家风，引导青少年在学校做一个好学生、在家庭做一个好孩子、在社会做一个好公民，使学校教育、家庭教育和社会教育相互配合，相互促进。推动五老强化互联网思维，积极运用微博、微信、手机客户端等现代媒介传播正能量，引导青少年文明上网、科学上网。参与净化网络空间，协助有关部门加强对文化市场的监督管理，做好五老网吧义务监督工作。运用关心下一代工作组织网络和基层阵地，鼓励五老参与社区网格化服务管理。积极动员五老组织青少年参与各种社会主义精神文明创建活动，支持社区组织青少年在课余、假期开展健康向上的文体活动和社会实践。深入开展“关爱明天、普法先行”青少年普法教育活动，支持五老面向青少年开展法律知识竞赛、模拟法庭和青少年维权岗等活动。积极参与预防减少青少年违法犯罪工作和未成年人司法保护社会化工作机制建设，推动开展“未成年人零犯罪社区（村）和学校”活动，维护青少年合法权益，化解邻里矛盾、维护社会和谐。注重运用道德模范、最美五老、新时代好少年等先

进典型推动工作，使广大青少年学有榜样、赶有目标，营造有利于青少年健康成长的良好社会氛围。

五、加强对发挥五老队伍作用工作的领导

发挥五老队伍在加强青少年思想道德建设中的作用，要在各级党委、政府的领导下，各有关部门要加强沟通联系，定期召开联席会议交流通报情况，探讨有关政策，提出推进工作的意见建议，在支持五老队伍发挥作用方面形成合力。发挥好离退休干部党组织的战斗堡垒作用和离退休干部党员的先锋模范作用，以加强离退休干部党组织建设带动关心下一代工作建设。鼓励各地结合实际建立五老队伍登记制度。加强五老队伍自身建设，加大五老学习和培训力度，包括网络知识培训，推动线上线下教育活动的融合开展，同时不断研究探索五老、志愿者、社会工作者相结合的工作模式，不断提升关心下一代工作队伍的整体素质和工作能力。要关心五老，爱护五老，帮助他们解决实际困难，对五老从事关心下一代工作给予适当的经费保障，努力创造良好工作条件。大力表彰在关心下一代工作中作出突出贡献的五老，采取多种形式广泛宣传五老队伍中涌现出的先进典型和感人故事，宣传报道五老服务青少年健康发展、促进社会和谐的经验做法，增强五老队伍的荣誉感、归属感、获得感。

【地方性文件】

江西省高级人民法院
关于印发关于涉及未成年人刑事案件的审判执行规程（试行）的通知

2019年10月29日　　　　赣高法〔2019〕129号

全省各级法院：

《江西省高级人民法院关于涉及未成年人刑事案件的审判执行规程（试行）》已经2019年8月29日江西省高级人民法院审判委员会第十一次会议讨论通过。现印发给你们，请认真执行。在执行过程中，遇有问题和情况，请层报给我院刑事审判第一庭。

江西省高级人民法院
关于涉及未成年人刑事案件的审判执行规程（试行）

为进一步规范涉及未成年人刑事案件的审判执行流程，提升审判质效，切实推动全省少年审判工作专业化发展，根据《中华人民共和国刑事诉讼法》《中华人民共和国未成年人保护法》《中华人民共和国预防未成年人犯罪法》《中央综治委预防青少年违法犯罪工作领导小组、最高人民法院、最高人民检察院、公安部、司法部、共青团中央关于进一步建立完善办理未成年人刑事案件配套工作体系的若干意见》《最高人民法院关于适用〈中华人民共和国刑事诉讼法〉的解释》等规定，结合本省实际，制定本规程。

第一编　一般规定

第一条　本规程中的涉及未成年人的刑事案件是指以下案件：

（一）被告人实施被指控的犯罪时已满十四周岁、不满十八周岁，且法院立案时不满二十周岁的刑事案件；

（二）被害人不满十八周岁的刑事案件，但犯罪行为导致被害人死亡的除外；

（三）自诉人、被告人双方或者一方不满十八周岁的刑事自诉案件；

（四）依照有关规定应当由少年法庭审理的其他刑事案件。

第二条　审理涉及未成年人的刑事案件应当坚持双向保护的原则。对未成年被告人贯彻教育、感化、挽救的方针，坚持教育为主、惩罚为辅的原则和宽严相济的刑事政策；对未成年被害人应当适时进行心理疏导和自护教育，充分保护其合法权益。

第三条　全省人民法院应当加强与公安机关、人民检察院、司法行政机关等政法部门的协作配合，形成侦查、起诉、辩护、审判、刑罚执行的少年司法联动工作体系。

第四条　全省人民法院应当加强同政府有关部门以及工会、共青团、妇联、未成年人保护组织等社会团体的联系，推动未成年人刑事案件人民陪审、社会调查、合适成年人参与、法治教育、司法救助、复学安置、矫治帮教等工作的开展，充分保障未成年人的合法权益，积极参与社会治安综合治理。

第五条　根据刑事诉讼法的规定，在全省人民法院试行涉及未成年人的刑事案件由部分基层人民法院跨区域集中管辖。

集中管辖人民法院制作的裁判文书中应当载明提起公诉的人民检察院名称，非集中管辖人民法院所在地人民检察院提起公诉的，应当载明经上级人民法院指定管辖的内容。

第六条　人民法院审理涉及未成年人的刑事案件，需要到未成年人的住所、学校、工作单位或者未成年人及其法定代理人提出的地点时，不得着制服、驾驶制式警车或者采取其他可能对未成年人带来不利影响的方式。

第七条　对于符合司法救助条件的涉及未成年人的刑事案件，应当及时办理司法救助。

第八条 人民法院在审理涉及未成年人的刑事案件时，应当依照刑事诉讼法的规定进行，没有规定的，依照本规程进行。

第二编 审 判

第一章 审判组织

第九条 全省涉及未成年人的刑事案件由具有管辖权的人民法院的少年法庭、合议庭或者员额法官审理，其中，经省高级人民法院确定为涉未成年人刑事案件集中管辖的试点人民法院应当至少配备二名员额法官及相应的审判辅助人员。

参与审理案件的员额法官及审判辅助人员，应当具备较强的刑事法律专业知识，熟悉审判业务和未成年人身心特点，热爱未成年人权益保护事业，善于做未成年人的思想教育工作，具有较强的责任心。并且，其中应当有一定比例的女性成员。

各级人民法院应当保持少年法庭工作机构及其人员的相对稳定，涉及机构设立、撤并、人员进出的，应当提前逐级向省高级人民法院报备。

第十条 参与审理案件的人民陪审员，一般由熟悉未成年人身心特点，具备一定的青少年教育学、心理学知识，热心教育、感化、挽救失足未成年人工作，并经过必要培训的工会、共青团、妇联、学校、未成年人保护组织等单位的工作人员或者退休人员担任。

第十一条 对一审可能判处三年有期徒刑以下刑罚的涉未成年人刑事案件，可以组成合议庭进行审理，也可以由员额法官一人独任审理；对可能判处三年有期徒刑以上刑罚的涉未成年人刑事案件，应当组成合议庭进行审理。

二审涉及未成年人的刑事案件，应当组成合议庭进行审理。

第二章　第一审程序

第一节　公诉案件

一、审查与受理

第十二条　对提起公诉的案件，人民法院在收到诉讼材料后，应当依法审查案件的管辖、当事人及诉讼参与人情况、提交的诉讼材料及物品、有无刑事诉讼法第十六条第（二）项至第（六）项规定的不追究刑事责任的情形等内容，此外，还应当审查以下内容：

（一）是否属于指定集中管辖的案件；

（二）是否在侦查阶段即确定法定代理人或者合适成年人并参与诉讼，参与诉讼的过程是否依法记录在卷或者有证据证明，是否列明法定代理人或者合适成年人的姓名、住址、联系方式；

（三）是否提供关于被告人性格特点、家庭情况、社会交往、成长经历、犯罪原因、犯罪前后的表现、监护教育等情况的社会调查报告；

（四）对于成年人和未成年人共同犯罪的案件，是否分案起诉：

（五）被告人是否提押至就近指定的看守所；

（六）自愿认罪认罚的，除刑事诉讼法第一百七十四条规定的情形之外，是否有认罪认罚具结书和人民检察院的量刑建议等材料。

第十三条　人民法院经审查，除依照《最高人民法院关于适用〈中华人民共和国刑事诉讼法〉的解释》第一百八十一条、第二百六十三条、第二百八十九条的规定进行处理外，还应当按照下列情形处理：

（一）不属于本院受指定集中管辖的案件的，应当退回人民检察院，告知其向有权审理的人民法院提起公诉；

（二）不符合本规程第十二条第（二）项规定的，应当将案件材料退回人民检察院，通知其审查侦查、起诉阶段是否确定法定代理人或者合适成年人参与诉讼；

（三）不符合本规程第十二条第（三）（六）项规定的，应当通知人民检察院在五日内补齐材料；

（四）对于成年人和未成年人共同犯罪的案件，应当分案而没有分案起诉的，应当建议人民检察院分案起诉；

（五）被告人没有提押至就近指定的看守所的，由受案人民法院自行决定是否办理转押。

第十四条 对于成年人和未成年人共同犯罪的案件，人民检察院分案起诉至同一法院的，可以由少年法庭审理，也可以由少年法庭和刑事审判庭分别审理。

二、庭前准备

第十五条 案件受理后，人民法院应当及时确定合议庭组成人员和开庭时间，依法确定未成年被告人的法定代理人或者参与诉讼的合适成年人，并依照刑事诉讼法第一百八十七条的规定进行工作。

向未成年被告人送达起诉书副本时，应当向其释明被指控的罪行和有关法律规定，并告知其审判程序和诉讼权利、义务。

第十六条 人民法院立案时不满十八周岁或者已满十八周岁、不满二十周岁的未成年被告人没有委托辩护人的，应当通知法律援助机构指派律师为其提供辩护。

实行集中管辖的区域，应当通知设区市的法律援助机构指派律师为其提供辩护。

第十七条 未成年被害人及其法定代理人提出委托诉讼代理人的意向，但因经济困难或者其他原因没有委托的，人民法院应当帮助其申请法律援助。

第十八条 案件受理后，经审查发现人民检察院移送的未成年被告人调查报告材料不全的，人民法院可以要求人民检察院补交，也可以由辩护人提交。

必要时，人民法院可以委托未成年被告人居住地的县级司法行政机关、共青团组织以及其他社会团体组织进行调查，或者自行调查。

第十九条 对于控辩双方对事实证据存在较大争议、证据材料较多、案情重大复杂、社会影响重大等情形，可以依法召开庭前会议。

第二十条 对于控辩双方提出对未成年被告人判处管制、宣告缓刑等量刑建议的，应当要求其向法庭提供有关未成年被告人能够获得监护、帮教以及对所居住社区无重大不良影响的书面材料。

对于可能判处管制、宣告缓刑、裁定假释、决定暂予监外执行的，人民法院也可以委托未成年人居住地或者户籍所在地的县级司法行政机关进行调查评估。

第二十一条 未成年犯罪嫌疑人、被告人存在心理问题，未成年被害人因受到不法侵害而产生心理问题的，人民法院可以邀请具有资质的心理咨询师进行心理疏导；经未成年被告人、被害人及其法定代理人同意，也可以对未成年被告人、被害人进行心理测评。

决定进行心理疏导的，应当对心理咨询师在庭前会见被告人、被害人及其家属，开展调查、参加庭审、阅卷等提供必要的保障。进行心理测评的，人民法院可以要求测评机构或者人员在书面测评报告中出具对评估案件的意见、建议。

心理疏导、测评情况应当记录在案。

三、审理方式

第二十二条 集中管辖区域的涉及未成年人的一审刑事案件一般在被告人关押地人民法院开庭审理，根据案件的具体情况，也可以在试点区域的犯罪地、被告人居住地人民法院或者通过远程视频审判方式进行审理。

第二十三条 基层人民法院审理涉及未成年人的刑事案件，应当从严掌握适用简易程序。符合下列条件的，可以适用简易程序：

（一）案件事实清楚、证据充分的；

（二）未成年被告人认罪认罚，其法定代理人、辩护人没有异议的；

（三）人民检察院提出适用简易程序的建议，未成年被告人及其法定代理人、辩护人对适用简易程序没有异议的。

第二十四条 具有下列情形之一的，不得适用简易程序：

（一）未成年被告人是盲、聋、哑人，或者是尚未完全丧失辨认或者控制自己行为能力的精神病人的；

（二）有重大社会影响的；

（三）未成年被告人不认罪或者其法定代理人、辩护人对指控的犯罪事实及罪名有异议的；

（四）未成年被告人及其法定代理人、辩护人对适用简易程序有异议的；

（五）其他不宜适用简易程序审理的情形。

第二十五条 审判人员应当听取未成年被告人及其法定代理人、辩护人是否认罪认罚的意见，告知未成年被告人及其法定代理人、辩护人程序适用的法律规定，确认未成年被告人及其法定代理人、辩护人是否同意适用简易程序。

第二十六条 审判时，应当通知未成年被告人的法定代理人到场。无法通知、法定代理人不能到场或者法定代理人是共犯的，也可以通知未成年被告人的其他成年亲属，所在学校、单位、居住地基层组织或者未成年人保护组织的代表（合适成年人）到场，并将有关情况记录在案。到场的其他代理人可以代为行使未成年被告人的诉讼权利。

被告人实施被指控的犯罪时不满十八周岁，人民法院立案时已满十八周岁、不满二十周岁的，开庭时，一般应当通知其近亲属到庭。经法庭同意，近亲属可以发表意见，近亲属无法通知、不能到场或者是共犯的，应当记录在案。

第二十七条 对于无固定住所、无法提供保证人的未成年人适用非羁押强制措施的，人民法院应当指定合适的成年人作为保证人，必要时可以安排在适当场所实施辅导、监督、观察、矫正、保护、管束等观护措施。

第二十八条 被告人为未成年人的刑事案件，具有下列情形之一的，一般采用圆桌的方式审理：

（一）适用简易程序的；

（二）事实清楚、证据充分，未成年被告人可能被判处五年有期徒刑以下刑罚的；

（三）未成年被告人系过失犯罪的。

第二十九条 具有下列情形之一的，不适用圆桌的审理方式：

（一）未成年被告人可能被判处五年有期徒刑以上刑罚的；

（二）共同犯罪中有成年被告人，且未进行分案处理的；

（三）其他不宜适用圆桌方式审理的。

第三十条 圆桌审判法庭的正面墙壁上应当悬挂国徽，审判区域内摆放圆型或者椭圆型审判桌，法庭布置应当柔性化，使用柔和的灯光和浅色墙壁，并可以放置绿色植物，悬挂字、画等装饰。

第三十一条 适用圆桌方式审理时，审判人员位于国徽正下方，书记员位于审判人员的右侧。

书记员右侧依次为公诉人、被害人（附带民事诉讼原告人）、未成年被害人的法定代理人、诉讼代理人。

审判人员左侧依次为辩护人、未成年被告人的法定代理人或者合适成年人；证人、鉴定人、社会调查员等位于审判席左侧偏下的位置。

未成年被告人位于审判人员的对面。

第三十二条 心理咨询师参与诉讼，为未成年被告人提供心理辅导的，位于未成年被告人的右侧；为未成年被害人提供心理辅导的，位于未成年被害人的右侧。

第三十三条 适用圆桌方式审理时，审判人员主持庭审时既要严格执行法定程序，又要把握灵活性，在确保各诉讼主体诉讼权利的基础上，不拘泥于庭审样式，视案件具体情况进行安排。审判员可以不穿法袍，不使用法槌，但应着法官制服。

未成年被告人可以坐着接受法庭调查、讯问，进行辩论及最后陈述，但宣判时应当起立。

第三十四条 在审理过程中，发现不宜适用简易程序的，应当依法转为普通程序重新审理；发现不宜采用圆桌方式审理的，应当及时转至普通法庭审理。

第三十五条 在法庭上不得对未成年被告人使用戒具，但被告人人身危险性大，可能妨碍庭审活动的除外。使用戒具的，在现实危险消除后，应当立即停止使用。

第三十六条 开庭审理时，审判人员应当查明当事人是否到庭，宣布案由；宣布合议庭的组成人员、书记员、公诉人、辩护人、诉讼代理人、鉴定人和翻译人员的名单；告知当事人有权对合议庭组成人员、书记员、公诉人、鉴定人和翻译人员申请回避；告知被告人享有辩护的权利。

未成年被告人认罪认罚的，审判人员应当告知被告人享有的诉讼权利和认罪认罚的法律规定，审查认罪认罚的自愿性和认罪认罚具结书内容的真实性、合法性。

第三十七条 法庭审理过程中，审判人员应当根据未成年被告人的智力发育程度和心理特点，坚持情、理、法并用，态度和蔼，语气平和，寓教于审，因人施教，以促使未成年被告人认罪服法，接受审判，改过自新。发现有对未成年被告人诱供、训斥、讽刺或者威胁等情形的，审判人员应当制止。

第三十八条 法庭调查时，审判人员应当查明案件事实、核实证据，特别要注意核实未成年被告人在作案时的年龄。同时还应当查明未成年被告人实施被指控的行为时的主、客观原因。

第三十九条 对未成年被告人情况的调查报告、心理测评情况以及控辩双方提交的有关未成年被告人情况的书面材料，法庭应当审查并听取控辩双方意见。

上述报告和材料可以作为法庭教育和量刑的参考。

第四十条 对未成年被害人、证人，特别是性犯罪的未成年被害人进行询问时，应当依法选择有利于未成年人的场所，采取和缓的询问方式进行，并通知法定代理人到场。

法定代理人无法或者不宜到场的，可以经未成年被害人、证人同意或者按照其意愿通知有关成年人到场，并应当注意避免因询问方式不当可能对其身心产生的不利影响。

确有必要通知未成年被害人、证人出庭作证的，应当根据案件情况采取相应的保护措施。有条件的人民法院，可以采取视频等方式对其陈述、证言进行质证。

第四十一条 审理涉及未成年人的刑事案件，不得向外界披露该未成年人的姓名，住所、照片以及可能推断出该未成年人身份的其他资料。

查阅、摘抄、复制的未成年人刑事案件的案卷材料，不得公开和传播。

第四十二条 开庭审理时被告人不满十八周岁的案件，一律不公开审理，庭审活动不得在互联网上直播。经未成年被告人及其法定代理人同意，未成年被告人所在学校和未成年人保护组织可以派代表到场。到场代表的人数和范围，由法庭决定，并应当告知其保密义务。到场代表经法庭同意，可以参与对未成年被告人的法庭教育工作。

第四十三条 休庭时，法庭根据情况，可以安排未成年被告人与其法定代理人或者通知到庭的其他成年亲属、代表会见，但审判人员和法警应当在场，并注意避免发生妨碍诉讼正常进行、不利于未成年人正确面对诉讼的情形。

第四十四条 人民法院在审理过程中发现被告人因不满十六周岁，依法应当不予刑事处罚的，应当责令他的家长或者监护人加以管教，或者按照有关规定处理。

四、法庭教育

第四十五条 对实施被指控的犯罪时不满十八周岁的未成年被告人及

其法定代理人应当进行法庭教育。

成年人与未成年人共同犯罪的，对人民法院立案时不满二十周岁的被告人也可以让其到庭与未成年被告人一起接受法庭教育。

第四十六条 因法定代理人放任不管、放弃监护职责等家庭原因导致未成年人犯罪或者被害的，应当在适当的场合对法定代理人就如何创造良好、和睦的家庭环境，依法履行对未成年人的监护职责等内容单独进行教育。

第四十七条 审判人员、公诉人、辩护人、法定代理人或者合适成年人为法庭教育的基本主体。

如果未成年被告人的法定代理人以外的其他成年亲属或者教师、社区矫正人员、心理咨询师有利于教育、感化未成年被告人的，也可以邀请他们参与法庭教育。

在身份相同的教育主体众多的情况下，主持法庭教育的审判人员可视情况在该教育主体中选择代表进行教育发言。

第四十八条 法庭教育应当贯穿于未成年人刑事案件审理程序的始终，并视情况适时开展，可以主要围绕以下内容进行：

（一）开庭前，审判人员可以对未成年被告人进行正确面对审判的教育，简要介绍其被指控的犯罪及可能涉及的相关法律条文、审理的具体流程，并详尽告知其诉讼权利、义务及程序要求，消除其面对审判的畏惧心理，使其以积极的心态正确面对审判，依法行使诉讼权利。同时，了解和掌握未成年被告人对犯罪的认识和态度，向未成年被告人讲解有关法律政策，阐明认罪态度及悔罪表现对其量刑的影响，促使其如实供述所犯罪行。

（二）开庭时，审判人员根据案件审理情况确定法庭教育的适宜时间，对于认罪的或者确定有罪的未成年被告人，应当引导各教育主体结合其职能和身份特点，开展有侧重点的法庭教育；对于不认罪的或者可能宣告无罪的未成年被告人，应当根据其行为的违法性或者不良行为进行法治、德治教育，劝导未成年被告人远离社会不良因素的影响，加强法治观念，预防犯罪的发生。

（三）案件宣判后，由审判人员对被告人开展正确面对判决的教育，释明判决理由及量刑依据，促使其认罪服法、息诉服判，并告知其接受社区矫正或者在监管场所服刑应当注意的问题。同时，组织到庭的各教育主体对未成年被告人进行信心教育，鼓励其改过自新，重拾信心。

第四十九条 为了增强教育的针对性，提高教育效果，审判人员应当在开展法庭教育前做好下列工作：

（一）通过阅卷、查看调查报告等方法，了解未成年被告人及其家庭的有关情况，确定法庭教育的重点，寻找法庭教育的感化点，必要时可以向法定代理人、教师、社区干部等人员了解情况；

（二）向法定代理人等诉讼参与人释明法庭教育的目的、法庭教育发言的要求，法庭教育设置阶段等事项，保证法庭教育顺利进行；

（三）可以选择有教育意义的特殊日期进行开庭审理，如未成年被告人的生日、入团日、获奖日等。

第五十条 开庭审理时，法庭教育由审判人员主持进行。法庭教育发言可以按照公诉人、辩护人、法定代理人、心理咨询师等人员的顺序进行。特殊情况下，也可以将教育发言的顺序作适当调整。

各教育主体发言结束后，审判人员应当进行归纳总结。

第五十一条 各教育主体应当根据自身职能，有针对性地开展法庭教育，以形成最大的教育合力：

公诉人或者检察员在教育时可以法律规定为依据，向未成年被告人释明其行为的社会危害性、刑事违法性、应受惩罚性，即开展以法律意识为主的教育；

辩护人可以就社会道德规范、公民的行为规则为重点，分析未成年被告人的犯罪原因，即开展以公理为主的教育；

法定代理人或者合适成年人可以家庭成员的感情为中心，讲述未成年被告人的行为给亲人带来的创伤及对子女的希望，即开展以亲情为主的教育；

参与诉讼的心理咨询师等人员可以针对未成年被告人的性格特点和犯罪导致的心理障碍进行疏导，提出矫正意见，还可以就家庭教育中存在的问题提出亲子关系修复和教养技巧方面的指导意见，即开展以心理矫治为主的教育；

审判人员可以根据案件的实际情况，对其他教育主体没有涉及的教育内容进行补充，也可以强调其他教育主体的教育内容。

第五十二条 审判人员应当有针对性地确定法庭教育阶段的内容，掌握节奏，调控气氛：

（一）确定教育内容。要突出教育的重点，加强教育的针对性、有效性，帮助未成年被告人寻找其身上存在的各种不良习惯和行为，分析犯罪的主观原因，避免过分强调客观原因；

（二）掌握教育节奏。注意掌握各教育主体之间发言先后的承启转化，做好法庭教育的开始、过渡、结束工作。审判人员也可以对未成年被告人适当的提问，加强法庭教育的效果，提高法庭教育的互动性；

（三）调控教育气氛。可以通过向未成年被告人展示与其成长经历有关的物品，如信件、生日卡、奖状、照片、团员证、学生手册等，帮助其坚定悔改决心，力求达到最佳的教育效果。

第五十三条 审理被告人为未成年人的刑事案件应当考虑类案的特殊性，避免教育的程式化。可以根据不同类型的案件特点进行有针对性的法庭教育：

（一）对于盗窃、抢夺、敲诈勒索等案件，可以着重揭示不劳而获思想对未成年人价值观形成的危害性，纠正未成年人在获取钱财、生活消费等方面存在的片面认识，帮助其树立自食其力的价值观；

（二）对于抢劫案件，可以着重分析抢劫行为对公民人身、财产权利双重侵害的严重性，阐述国家法律对抢劫犯罪严厉处罚的必要性，剖析强行索要他人钱财与抢劫犯罪行为之间的关联性；

（三）对于故意伤害、寻衅滋事、聚众斗殴等案件，可以着重进行道德品质、礼仪尊重等方面的教育，纠正其唯我独尊、逞强好胜等不良思想与习气；

（四）对于涉性犯罪案件，可以着重进行解除未成年被告人的惶惧心理及抵触情绪的教育，帮助其正确认识和处理两性关系。

第五十四条 参加法庭教育的人员应当态度端正、语气和蔼、用语恰当、通俗易懂。不得侮辱、歧视未成年被告人。

第五十五条 书记员应当将法庭教育的过程、内容完整、如实地记入庭审笔录。

第五十六条 审判人员可以把法庭教育中对未成年被告人犯罪原因的分析、今后改进的方向、忠告和期望等写入判决书，更好地体现寓教于审。

五、规范量刑

第五十七条 对于未成年人犯罪，应当综合考虑未成年人对犯罪的认识能力、实施犯罪行为的动机和目的、犯罪时的年龄，是否初犯、偶犯，认罪悔罪表现、个人成长经历、一贯表现和心理测评等情况，予以从宽处罚：

（一）对符合宣告缓刑、判处管制、单处罚金或者免除刑事处罚适用条件的未成年被告人，应当依法适用相应的刑罚。

（二）已满十四周岁、不满十六周岁的未成年人犯罪，可以减少基准刑的30%～60%；已满十六周岁、不满十八周岁的未成年人犯罪，可以减少基准刑的10%～50%。

（三）未成年人犯罪只有罪行极其严重的，才可以适用无期徒刑；对已满十四周岁、不满十六周岁的人犯罪一般不判处无期徒刑。

（四）除刑法规定“应当”附加剥夺政治权利外，对未成年人一般不判处附加剥夺政治权利；确实需要判处的，应当依法从轻判处。

（五）除刑法规定“并处”没收财产或者罚金的犯罪外，对未成年人一般不判处没收财产；判处罚金刑时，应当依法从轻或者减轻处罚。

（六）对于因民间纠纷引起，涉嫌刑法分则第四章规定的侵犯公民人身权利、民主权利罪和第五章规定的侵犯财产罪案件，可能判处三年有期徒刑以下刑罚的，符合刑事和解条件的案件，应当积极促成被告人和被害人和解。达成和解协议的，应当依法从宽处罚；犯罪情节轻微，不需要判处刑罚的，应当免除刑事处罚。

（七）对于刑事附带民事诉讼案件，应当积极开展调解工作，并将被告人是否赔偿被害人或者其亲属物质损失、是否取得被害人或者其亲属谅解、是否达成刑事附带民事调解协议等作为从宽处罚的量刑情节，从宽处罚的比例应当比照成年人适度放宽。

第五十八条 对于未成年被告人认罪认罚的案件，人民法院作出判决前，应当仔细审查人民检察院指控的罪名和量刑建议，审查后认为量刑建议明显不当，或者未成年被告人及其法定代理人、辩护人对量刑建议提出异议的，可以通知人民检察院调整量刑建议。人民检察院不调整量刑建议或者调整量刑建议后仍然明显不当的，人民法院应当依法作出判决。

第五十九条 对于被判处管制或者宣告缓刑的未成年被告人，及因对未成年人实施性犯罪被宣告缓刑的成年被告人，可以根据其犯罪的具体情况以及禁止事项与所犯罪行的关联程度，对其适用禁止令。

第六十条 对同案犯中的多个未成年人，在适用从宽幅度时应当考虑量刑的均衡，不同被告人之间因年龄导致的刑期差异不宜过大。

对未成年人与成年人的共同犯罪案件，在未成年人与成年人之间应当实现量刑均衡。

第六十一条 对于侵害未成年人的常见犯罪案件，其量刑标准遵照《江西省高级人民法院〈关于常见犯罪的量刑指导意见〉实施细则》执行。

六、宣判

第六十二条 对未成年人刑事案件宣判应当公开进行，但不得采取召开大会等形式，有旁听人员的，应当告知其不得泄露、传播案件信息。对依法应当封存犯罪记录的案件，宣判时，不得组织人员旁听。

第六十三条 适用圆桌方式审理的案件，一般应当当庭宣判。定期宣判的，宣判时，一般也应当在圆桌审判庭进行。

第六十四条 定期宣判的未成年人刑事案件，应当通知未成年被告人的法定代理人到庭。法定代理人、合适成年人无法通知、不能到庭或者是共犯的，法庭可以通知其他成年亲属、代表等合适成年人到庭，并在宣判后向未成年被告人的法定代理人或者合适成年人送达判决书。

第六十五条 宣判时，应当向未成年被告人及其法定代理人说明判决认定的犯罪事实、判处的刑罚，或者宣告无罪的法律依据和理由，明确告知未成年被告人及其法定代理人享有上诉不加刑的法律规定，并记入宣判笔录。

第六十六条 对于判处管制，宣告缓刑的，应当告知未成年被告人及其法定代理人在未成年被告人管制、缓刑考验期间应当遵守的相关规定以及法定代理人监管的责任。

第二节 自诉案件

第六十七条 本规程中的涉及未成年人的自诉案件是指以下案件：

（一）自诉人或者被告人为未成年人的告诉才处理的案件；

（二）未成年被害人及其法定代理人有证据证明的轻微刑事案件；

（三）未成年被害人及其法定代理人有证据证明对被告人或者未成年被告人侵犯自己人身、财产权利的行为应当依法追究刑事责任，而公安机关或者人民检察院不予追究被告人刑事责任的案件。

第六十八条 人民法院对于涉及未成年人的自诉案件应当作以下

审查：

（一）自诉人或者被告人中是否有未成年人；

（二）是否为集中管辖区域，本院是否具有管辖权；

（三）未成年自诉人的法定代理人是否在场或者代其提出自诉；

（四）自诉的犯罪事实是否清楚，证据是否充分，被告人是否能够到案。

第六十九条 人民法院对于涉及未成年人的自诉案件审查后，按照下列情形分别处理：

（一）未成年自诉人的法定代理人不在场的，应当向其释明法律规定，不予立案；未成年自诉人的法定代理人因客观原因不能到场或者法定代理人是自诉被告人的，可以要求未成年自诉人的其他成年亲属，所在学校、单位、居住地的基层组织或者未成年人保护组织的代表（合适成年人）到场，并将有关情况记录在案。

（二）未成年自诉人及其法定代理人向非集中管辖人民法院提起自诉的，应当告知其直接向集中管辖人民法院起诉；未成年自诉人及其法定代理人坚持起诉的，应当先接收自诉材料，再将材料移送至集中管辖人民法院审查。

（三）犯罪事实清楚，有足够证据且被告人能够到案的案件，应当予以立案并安排开庭审理。

（四）缺乏罪证的自诉案件，如果未成年自诉人及其法定代理人无法补充证据，应当说服其撤回自诉，或者裁定驳回起诉。

（五）具有下列情形之一的，应当说服自诉人撤回起诉；自诉人不撤回起诉的，裁定不予受理：

1. 不属于本规程第六十七条规定的案件的；

2. 缺乏罪证的；

3. 犯罪已过追诉时效期限的；

4. 被告人死亡的；

5. 被告人下落不明的；

6. 除因证据不足撤诉外，自诉人撤诉后，就同一事实又告诉的；

7. 经人民法院调解结案后，自诉人反悔，就同一事实再行告诉的。

第七十条 法庭审理过程中，审判人员对证据有疑问，需要调查核实的，可以进行勘验、检查、查封、扣押、鉴定和查询、冻结。

第七十一条 人民法院对于涉及未成年人的自诉案件，可以按照不同情形作以下处理：

（一）未成年自诉人及其法定代理人经两次依法传唤，无正当理由拒不到庭的，或者未经法庭许可中途退庭的，按照撤诉处理；

（二）未成年自诉人及其法定代理人提出撤诉，经审查符合规定的，准许撤诉；

（三）案件事实清楚，证据确实、充分，依据法律认定被告人有罪的，应当作出有罪判决；

（四）依据法律认定被告人无罪的，应当作出无罪判决；

（五）证据不足，不能认定被告人有罪的，应当作出证据不足、指控的犯罪不能成立的无罪判决；

（六）被告人在自诉案件审判期间下落不明的，应当裁定中止审理；被告人到案后，应当恢复审理，必要时应当对被告人依法采取强制措施。

第七十二条 人民法院可以进行调解。自诉人及其代理人在宣告判决前，可以同被告人自行和解或者撤回自诉，但本规程第六十七条第（三）项规定的情形除外。

第七十三条 涉及未成年人的自诉案件的被告人在诉讼过程中，可以对自诉人提起反诉，反诉适用自诉的规定。

第七十四条 对于自诉案件中的未成年被告人，人民法院应当委托其户籍所在地或者居住地的司法行政机关社区矫正工作部门对其开展社会调查。

第七十五条 对于自诉案件中的未成年被告人，开庭审理时，审判人员应当对其进行法庭教育。

第三节 第二审程序

第七十六条 未成年被告人、自诉人及其法定代理人，不服人民法院的一审判决、裁定，有权用书状或者口头向上一级人民法院上诉。未成年被告人的辩护人和近亲属，经未成年被告人同意，可以提出上诉。

附带民事诉讼的未成年当事人及其法定代理人，可以对人民法院的一审判决、裁定中的附带民事诉讼部分，提出上诉。

第七十七条 未成年被告人、自诉人、附带民事诉讼的原告人和被告人通过原审人民法院提出上诉的，原审人民法院应当在三日内将上诉状连同案卷、证据移送上一级人民法院，同时将上诉状副本送交同级人民检察院和对方当事人。

未成年被告人、自诉人、附带民事诉讼的原告人和被告人直接向第二审人民法院提出上诉的，第二审人民法院应当在三日内将上诉状交原审人民法院送交同级人民检察院和对方当事人。

第七十八条 第二审人民法院应当就一审判决认定的事实和适用法律进行全面审查，不受上诉或者抗诉范围的限制。

共同犯罪的案件只有部分被告人上诉的，应当对全案进行审查，一并处理。

第七十九条 第二审人民法院经审理发现没有未成年被告人的调查报告，或者调查报告内容不全面的，应当通知第一审人民法院在七日内补齐调查的材料，必要时也可以自行委托未成年被告人户籍所在地或者居住地的司法行政机关社区矫正工作部门开展调查。

第八十条 第二审人民法院对于下列案件，应当组成合议庭，开庭审理：

（一）未成年被告人、自诉人及其法定代理人对第一审认定的事实、证据提出异议，可能影响定罪量刑的上诉案件；

（二）未成年被告人被判处无期徒刑的上诉案件；

（三）人民检察院抗诉的案件；

（四）其他应当开庭审理的案件。

第二审人民法院决定不开庭审理的，应当讯问未成年被告人，并听取其法定代理人或者合适成年人、其他当事人、辩护人、诉讼代理人的意见。

第八十一条 第二审人民法院在对未成年被告人进行讯问或者开庭审理时，应当对其进行法庭教育。符合圆桌审判规定的，可以采取圆桌审判方式进行。

第八十二条 第二审人民法院对不服一审判决的上诉、抗诉案件，经过审理后，应当按照下列情形分别处理：

（一）原判决认定事实和适用法律正确、量刑适当的，应当裁定驳回上诉或者抗诉，维持原判；

（二）原判决认定事实没有错误，但适用法律有错误，或者量刑不当的，应当改判；

（三）原判决事实不清楚或者证据不足的，可以在查清事实后改判；也可以裁定撤销原判，发回原审人民法院重新审判。

原审人民法院对于依照前款第（三）项规定发回重新审判的案件作出判决后，被告人提出上诉或者人民检察院提出抗诉的，第二审人民法院应当依法作出判决或者裁定，不得再发回原审人民法院重新审判。

第二审人民法院作出判决或者裁定后，可以采取适当方式向当事人进行释法说理。

第八十三条 第二审人民法院发现第一审人民法院审理的涉及未成年人的刑事案件，有下列违反法律规定的诉讼程序的情形之一的，应当裁定撤销原判，发回原审人民法院重新审判：

（一）违反回避制度的；

（二）剥夺或者限制了未成年当事人的法定诉讼权利，可能影响公正审判的；

（三）审判组织的组成不合法的；

（四）其他违反法律规定的诉讼程序，可能影响公正审判的。

第八十四条 第二审人民法院审判上诉或者抗诉案件的其他程序，依照第一审程序的规定进行。

第三编 犯罪记录封存

第八十五条 对于被告人犯罪的时候不满十八周岁，被判处五年有期徒刑以下刑罚以及免除刑事处罚的未成年人案件，应当进行封存，并在案件归档时履行告知手续（形式见附件1）。

共同犯罪案件中，涉及未成年人犯罪的，对符合前款规定的未成年人犯罪记录应当予以封存，并在裁判文书上加盖“未成年人犯罪记录封存，未经审批不得向任何单位和个人提供”的印章。

第八十六条 所封存的犯罪记录包括侦查、公诉、审判与刑罚执行过程中形成的有关未成年人犯罪或者涉嫌犯罪的全部案卷、材料与电子档案。

第八十七条 未成年被告人因事实不清、证据不足被宣告无罪的案件，在审判过程中形成的相关记录应当予以封存，但未成年人及其法定代理人申请不予封存或者解除封存的，可以不予封存或者解除封存。

第八十八条 符合下列情形之一的，解除犯罪记录的封存：

（一）刑罚执行完毕之前实施新的犯罪，且新罪与记录封存的犯罪，数罪并罚后被决定执行五年有期徒刑以上刑罚的；

（二）刑罚执行完毕之前发现漏罪，且漏罪与封存记录的犯罪数罪并罚后被决定执行五年有期徒刑以上刑罚的；

（三）在被封存记录的犯罪刑罚执行完毕以后再犯罪，被判处五年有期徒刑以上刑罚的；

（四）在被封存记录的犯罪刑罚执行完毕以后，已成年并再犯罪的；

（五）其他应当解除犯罪记录封存的情形。

第八十九条 被告人为未成年人的裁判文书不得在互联网公布。

未经允许及特殊处理，不得在互联网或者其他公开的媒体上刊登应当予以封存的未成年人犯罪记录中的内容。

第九十条 人民法院应当设立独立的未成年人犯罪案件卷宗档案保管专柜，保管未成年人犯罪案件卷宗的人员应当相对固定。

具备条件的人民法院可以设立单独的未成年人犯罪案件卷宗档案室，并指派专人进行保管。

第九十一条 对符合犯罪记录封存条件的案件的档案管理电子信息应进行严格管理，设定查询权限，无查询权限人员未经法定查询程序的批准与授权，不得对封存的犯罪记录电子信息进行查询。

第九十二条 未成年人与成年人共同犯罪案件，对人民检察院分案起诉且符合封存条件的未成年人案件应当予以封存，并在未封存的成年共犯卷宗封面标明“含犯罪记录封存信息”；对未分案起诉的案件，应当全案予以封存。

第九十三条 其他民事、行政与刑事案件，因案件需要使用被封存的未成年人犯罪记录信息的，应当在相关卷宗封面标明“含犯罪记录封存信息”，并对相关信息采取必要的保密措施。

第九十四条 犯罪记录被封存的，不得向任何单位和个人提供，但司法机关为办理案件需要或者有关单位根据国家规定进行查询的除外。

本条所称国家规定，是指全国人民代表大会及其常务委员会制定的法律和决定，国务院制定的行政法规、规定的行政措施、发布的决定和命令。

第九十五条 司法机关和有关单位查询犯罪记录时，应当向档案保管单位提交书面申请材料，列明查询的目的、内容、依据和使用范围等信息，查询人员应当出示单位公函和身份证明等材料。

第九十六条 对申请查询被封存犯罪记录档案的，档案保管单位应当履行审批手续（形式见附件2），并在七日内作出答复。对于符合查询条件的，应当予以准许；对于不符合查询条件的，不予准许并说明理由。

第九十七条 对司法机关为办理案件需要申请查询的，可以依法允许其查阅、摘抄、复制相关案卷材料和电子信息。案卷原则上不外借。确因办案需要外借的，应当经案卷管理部门的分管院领导批准后，办理借卷手续，并限期归还。

第九十八条 对司法机关以外的单位根据国家规定申请查询的，可以根据国家规定需要查明的事由告知被查询对象是否受过刑事处罚，被判处的罪名、刑期等信息，必要时，可提供相关法律文书的复印件。

第九十九条 申请查询已被全案封存的共同犯罪案件中不符合封存条件的犯罪记录，或申请查询其他含有被封存犯罪记录的民事、刑事、行政案件的，参照查询符合封存条件的犯罪记录的规定履行相关程序。

确需查询案卷，并经批准同意的，档案部门应当采取必要的技术措施，遮蔽被封存的被告人的犯罪记录。

第一百条 获准查询的单位或者人员应当签署保密承诺书（形式见附件3）。

获准查询犯罪记录的单位及相关人员应当严格按照获准查询目的和使用范围使用有关信息，严格遵守保密义务。不按规定使用所查询到的信息或者违反规定泄露相关信息，情节严重或者造成严重后果的，应当依法追究相关人员的责任。

第一百零一条 封存机关应当登记相关查询情况，并按照档案管理规定将有关申请、审批材料、保密承诺书等一并归档保存。

第一百零二条 办案部门决定解除封存的，应当书面告知档案部门，档案部门在收到告知书后应当及时解除封存。被解除封存的案卷和相关信息资料不再受未成年人犯罪记录封存相关规定的限制。

第四编　执　　行

第一百零三条 应当坚持教育、感化、挽救的方针，构建公安机关、人民检察院、人民法院、司法行政机关等政法一条龙以及工会、共青团、妇联、关工委和相关社会组织一条龙的帮教体系，配合社区矫正部门和未成年犯管教所对犯罪的未成年人、刑满回归的未成年人，根据不同情况分别定期、不定期地进行回访、考察、跟踪帮教。

第一百零四条 应当建立未成年罪犯的书面档案和电子档案。档案包括未成年罪犯的身份情况、案件基本情况、社会调查情况、心理辅导情况和回访帮教记录。

第一百零五条 未成年罪犯交付执行时，应当将社会调查、心理辅导、庭审或者提讯中的表现情况等材料随同裁判文书、执行通知书一并送达司法行政机关社区矫正部门或者未成年犯管教所，并可以就执行的方式等方面向执行机关出具意见。

第一百零六条 对于判处非监禁刑的未成年罪犯在宣判时应告知被告人接受社区矫正的相关规定。在判决生效时告知其到相关社区矫正部门报到的时间期限以及逾期报到的后果，并通知相应的县级司法行政机关，也可以邀请社区矫正部门工作人员到庭一起参与判后帮教，由社区矫正部门向判处非监禁刑的未成年罪犯释明社区矫正服刑人员应当遵守的各项管理规定。

第一百零七条 在审判阶段为未成年罪犯聘请了心理咨询师的，宣判及判决生效后应当将心理咨询师的联系方式告知社区矫正部门，并及时通知心理咨询师，可以协助心理咨询师与未成年罪犯及其家属签订帮教协议，由心理咨询师继续跟进进行一对一的心理矫正。

第一百零八条 人民法院与司法行政机关社区矫正部门探索建立信息交换平台，实现社区矫正工作动态数据共享，出现问题随时沟通协调，及时解决。

第一百零九条 人民法院可以定期、不定期地向社区矫正部门了解未成年罪犯接受监督管理、参加教育学习、社区服务和相关社会活动的情况，判处禁止令的，还应当了解执行禁止令的具体情况。

第一百一十条 对未成年罪犯的减刑、假释，在标准上可以比照成年罪犯依法适度放宽。

第一百一十一条 对于执行机关提请减刑、假释的案件，应当认真贯彻落实寓教于审的刑事政策，通知可以到庭的法定代理人到场，同时应当进行法庭教育，由法定代理人、人民检察院、人民法院、执行机关及其邀请的其他社会组织人员对罪犯进行教育，劝勉其继续努力，积极改造，争取早日回归社会。

第一百一十二条 对于提请减余刑的未成年罪犯，开庭审理时，可以邀请司法行政机关安置帮教人员到庭对其进行就业的引导和帮助，在释放后，应当及时与司法行政机关安置帮教部门取得联系，根据具体情况帮助协调解决其就业、就读问题，促使其顺利回归社会。

第五编 附 则

第一百一十三条 落实本规程的情况将纳入全省人民法院工作考评。

第一百一十四条 全省少年审判员额法官的工作业绩，根据案件审理、延伸帮教、感化挽救、落实特殊制度、开展犯罪预防、参与社会治安综合治理及其他成绩等指标进行考核。具体标准另行制定。

第一百一十五条 本规程由江西省高级人民法院审判委员会负责解释。

第一百一十六条 本规程自印发之日起施行。

附件 1

未成年人犯罪记录封存通知单

我庭审理的被告人　　　　　犯　　　　　罪一案，符合《中华人民共和国刑事诉讼法》关于未成年人犯罪记录封存的规定，请对该未成年人犯罪记录予以封存，未经审批，不得对外公布和查询。

业务庭室		案号	
案件承办人		归档时间	
罪犯姓名			
封存的范围			

业务庭室案卷移交人：

档案管理部门接收人：

说明：该表一式二份，业务庭室和档案保管部门各存一份。

附件2

被封存犯罪记录查询审批表

<table>
<tr><td>被查询人</td><td colspan="3"></td></tr>
<tr><td>案号</td><td></td><td>案由</td><td></td></tr>
<tr><td>查档机关</td><td></td><td>经办人</td><td></td></tr>
<tr><td>查询内容、事由及依据</td><td colspan="3"></td></tr>
<tr><td>庭领导意见</td><td colspan="3">签　字
年　月　日</td></tr>
<tr><td>办公室领导意见</td><td colspan="3">签　字
年　月　日</td></tr>
<tr><td>备注</td><td colspan="3">附：介绍信、证件复印件及查询申请书</td></tr>
</table>

附件3

保密承诺书

____________________：

为了____________（目的），根据____________________________，我（我们）受____________________________________委派，查询贵单位卷宗。为保证该案未成年人犯罪记录不被泄露，特作出以下承诺：

1. 查询获得的未成年人犯罪信息仅用于以上事由，不超越范围使用。

2. 严格控制知情人范围，除办案必需接触的领导和工作人员外，不向任何个人和单位披露。

3. 对获取的信息，采取严格的保密措施，谨防信息泄露。

违背以上承诺，造成后果的，愿意承担相应责任。

承诺人：

单　位：

年　月　日

【典型案例】

检察机关依法严惩侵害未成年人犯罪
加强未成年人司法保护典型案例

（2019年12月20日）

案例一

重拳惩处　严厉打击伤害无辜儿童犯罪

一、基本案情

李某与紫某因矛盾发生争执，将紫某家面包车烧毁，被法院判处拘役六个月。2017年，李某刑满释放后到紫某家中寻找紫某未果，对放学回家的紫某之子（案发时6岁）报复泄愤，将硝酸浇在该童头上，致该童头面部及全身多处皮肤被严重灼伤，构成重伤二级；容貌重度毁损，构成二级伤残；全身多处体表形成瘢痕，构成八级伤残。公安机关对该案立案侦查，云南省昆明市人民检察院对李某以故意伤害罪提起公诉，因其伤害未成年被害人手段特别残忍，情节特别恶劣，后果极其严重，建议对其判处死刑。法院采纳检察机关量刑建议，判处李某死刑立即执行，剥夺政治权利终身。在案件办理过程中，检察机关积极开展对被害人的司法救助，并通过司法救助绿色通道、中华少年儿童慈善救助基金会等渠道为该童筹集救助款20余万元。

二、典型意义

为泄私愤，对无辜儿童实施严重暴力犯罪，严重侵害未成年人身心健康，对此类案件应当从严从重惩处。本案中，检察机关依法对犯罪分子提出从严惩处的量刑建议，体现了司法机关对严重侵害未成年人暴力犯罪的“零容忍”态度和重拳严厉打击的力度。

案例二

及时介入侦查　坚决严惩驾车冲撞学生恶性犯罪

一、基本案情

韩某某因生活琐事，预谋“驾车撞人”以宣泄情绪、报复社会。2018年11月，韩某某驾驶机动车至辽宁省某小学门口，逆向加速冲撞返校的学生队伍，造成6名未成年人死亡，20人受伤（18人系未成年人）。案发后辽宁省葫芦岛市人民检察院第一时间成立专案组及时介入侦查，提出意见，引导公安机关全面收集、固定证据，快速审查，及时确认了韩某某的完全刑事责任能力和故意犯罪心态，综合全案犯罪事实，以涉嫌以危险方法危害公共安全罪对韩某某提起公诉，并提出判处死刑的量刑建议。法院判处韩某某死刑立即执行。

二、典型意义

本案是一起驾车冲撞学生队伍造成多人伤亡的恶性危害公共安全犯罪案件，检察机关及时介入侦查，加强与公安机关衔接配合，依法从严从快办理案件，提出判处死刑的量刑建议，彰显司法机关对此类犯罪依法坚决予以严惩的态度。

案例三

从严从快　惩处校园门口捅刺学生犯罪

一、基本案情

赵某某将生活、工作受挫归因于曾就读的中学所致，遂产生报复该校学生的恶念。2018年4月27日，赵某某携带三把刀具在该校门口等候，待放学之际持匕首迎面冲向学生连续捅刺，共造成9人死亡，4人重伤，7人轻伤，1人轻微伤。案发后，司法机关立即启动快速反应机制，检察机关及时介入侦查，第一时间参与讯问、现场勘验等活动，配合公安机关全面依法收集、固定证据。案发次日，陕西省榆林市米脂县人民检察院以涉嫌故意杀人罪依法将赵某某批准逮捕；5月28日，陕西省榆林市人民检察院依法提起公诉；7月10日，法院以故意杀人罪判处赵某某死刑立即执行，剥夺政治权利终身。

二、典型意义

本案是在校园周边捅刺学生的重大恶性案件，检察机关及时介入侦查，与公安机关分工协作、相互配合，依法从严从快从重批捕起诉，加大指控犯罪力度，充分发挥法律震慑作用，切实维护校园周边安全。

案例四

严打黑恶犯罪　坚决遏制拉拢侵蚀未成年人态势

一、基本案情

2017年2月至2018年2月，吴某等人以共同出资成立某实业有限公司为幌子，吸纳形成了包括多名未成年人在内的黑社会性质组织。依托软、硬暴力手段面向未成年人群体开设赌场，引诱未成年人参与赌博并欠下赌债，后对这些未成年人及其家人实施敲诈勒索。在较短时间内实施聚众赌博29场，敲诈勒索19起，非法敛财人民币百万余元，陷入其中的未成年人55名，其中在校学生13名。该组织成员还诱骗少女吸食违禁品后实施性侵。经公安机关侦查终结，浙江省杭州市余杭区人民检察院于2018年10月，对吴某等人以涉嫌组织、领导、参加黑社会性质组织罪、赌博罪、聚众斗殴罪、开设赌场罪、敲诈勒索罪、非法侵入住宅罪、强奸罪依法提起公诉。2018年12月，法院依法判处吴某等12人有期徒刑二十年至三年不等。结合案件办理情况，检察机关向教育部门发出检察建议，推动加强校园管理和学生安全教育。

二、典型意义

本案中，以吴某为首的黑社会性质组织引诱未成年人参与赌博，并借赌博之名进行多种违法犯罪，将黑恶势力的黑手伸向未成年人和校园，社会影响恶劣。公安机关、检察机关、人民法院对此类犯罪行为严厉打击，坚决遏制黑恶犯罪向未成年人领域蔓延。

案例五

依法核准　坚决追诉严重侵害未成年人权益犯罪

一、基本案情

1997 年 7 月 28 日，朱某在江苏省徐州市某小区，入室抢劫致幼童彭某死亡，作案后逃离现场。此案多年未侦破。2018 年，公安机关通过指纹比对发现线索，将犯罪嫌疑人朱某抓获。2019 年 2 月，江苏省检察机关层报最高人民检察院对朱某核准追诉。最高人民检察院经审查认为，本案虽已超过追诉时效，但考虑朱某的犯罪对象为年仅 10 岁的未成年人，犯罪性质特别恶劣，后果特别严重，社会影响至今没有消除，依据 1979 年《刑法》第七十六条规定，于 2019 年 5 月 6 日对犯罪嫌疑人朱某作出核准追诉决定。

二、典型意义

对法定最高刑为无期徒刑、死刑的犯罪，一般经过二十年不再追诉。如果二十年后认为必须追诉的，依法须经最高人民检察院核准。在办理此案中，检察机关认真贯彻对未成年人特殊、优先保护原则，结合具体犯罪的性质、情节、手段、后果、社会影响、认罪态度等方面，认真审查，严格把关，依法作出核准追诉的决定，体现了坚决打击严重侵害未成年人犯罪的态度和决心。

案例六

“法治进校园”有成效　猥亵女童保安“显形”被严惩

一、基本案情

2018年7月，按照最高人民检察院“法治进校园”部署要求，重庆市城口县人民检察院在某偏远乡镇学校讲授预防性侵法治教育课后，该校一名男生向当地派出所报案称“看见学校保安刘某某摸了女同学，这是检察官说的猥亵行为”。公安机关随即开展调查，检察机关及时介入，提出意见，会同公安机关调取学校监控视频并实地查看，搜集相关证据，认定刘某某行为已涉嫌犯罪，2018年10月，以猥亵儿童罪对刘某某提起公诉，2018年12月，法院以刘某某犯猥亵儿童罪，判处有期徒刑二年零八个月，禁止其自刑罚执行完毕之日或者假释之日起五年内从事学校保安及其相关职业。

二、典型意义

自2016年6月开始，最高人民检察院、教育部联合部署开展“法治进校园”全国巡讲活动，以学生喜闻乐见的形式，开展法治宣讲、以案释法和课堂普法等活动，成效显著。本案即在校学生听完法治课后主动举报案件线索，既及时惩治了犯罪，又增强了同学们的自护意识，是“法治进校园”活动成效的充分展现。

案例七

从重惩处教师性侵害犯罪　督促健全校园安全机制

一、基本案情

汪某某系某小学班主任兼语文老师，2016年9月至2017年12月，其以检查作业、辅导功课为由，在教室、教师宿舍多次对班内多名女生（均为7至8岁）实施猥亵、强奸行为。案发后，四川省成都市人民检察院及时介入，引导、配合公安机关收集完善证据，以强奸罪、猥亵儿童罪对汪某某提起公诉，并提出从重处罚和“从业禁止”的量刑建议。法院采纳检察机关建议，判处汪某某无期徒刑，并处“从业禁止”五年。同时，检察机关针对办案中发现的问题，采用公开送达的形式向成都市教育部门发出检察建议，教育部门依据相关规定吊销了汪某某的教师资格证，禁止其终身从事与教育有关的职业，并建立健全学生安全常识教育、学校安全管理责任、师德师风动态考核等机制。

二、典型意义

本案是一起教师利用职业便利性侵害未成年人犯罪典型案件。检察机关在会同公安机关、人民法院严惩犯罪的同时，延伸职能，强化监督，督促教育部门落实校园安全管理职责，建立健全相应防范机制，为有失师德者敲响警钟，告诫他们恪守职业道德，教书育人。

案例八

依法抗诉性侵害未成年人案件　维护法律权威

一、基本案情

2017年9月9日，杨某甲纠集杨某乙、杨某丙等其他5人（均另案处理）共同商量对小英（女，16岁）、小云（女，14岁）、小涵（女，12岁）实施强奸。次日凌晨，杨某甲、杨某乙等人欲强行与三被害人发生性关系。杨某丙（另案起诉，被判处有期徒刑十三年）强奸了小英，杨某甲、杨某乙因小云、小涵反抗且小涵处于生理期而未得逞。2018年9月，法院作出判决，判处杨某甲有期徒刑一年零六个月、杨某乙有期徒刑一年零二个月。广西壮族自治区钦州市检察机关审查认为，一审判决对杨某甲、杨某乙等人系强奸多人的情节未予认定，且未认定具有奸淫不满14周岁幼女的从重情节，属于认定事实错误，导致量刑畸轻，向法院提起抗诉。2018年12月，法院撤销一审判决，改判杨某甲有期徒刑十二年，剥夺政治权利二年；改判杨某乙有期徒刑十年，剥夺政治权利一年。

二、典型意义

多人性侵害多名未成年人案件主观恶性大，后果严重，影响恶劣，依法应予以从严惩处。本案中，检察机关认真履行审判监督职能，对错误判决依法提出抗诉，维护了法律权威和司法公正，取得了良好的法律效果和社会效果。

案例九

协作追捕追诉组织强迫未成年人卖淫犯罪深挖幕后“保护伞”

一、基本案情

2016 年至 2017 年期间，朱某某跨省组织包括 6 名未成年人在内的 10 余名女性在酒店卖淫。福建省武平县人民检察院在审查逮捕期间与公安机关协作追捕 4 人，在审查起诉阶段引导公安机关侦查取证，成功查实朱某某等 2 人强迫多名未成年人多次卖淫的犯罪事实，又追诉协助组织卖淫的同案犯 1 人。同时，检察机关针对本案中可能存在为卖淫团伙通风报信、提供幕后帮助的“保护伞”行为，将线索移交监察委员会，挖出相关主管部门人员陈某某。最终朱某某等 6 人因犯组织卖淫罪、强迫卖淫罪、协助组织卖淫罪分别被判处十二年至一年零一个月不等有期徒刑。陈某某因涉嫌徇私枉法、受贿罪被依法提起公诉。

二、典型意义

组织、强迫未成年人卖淫，严重损害未成年人的身心健康，必须依法全面、严厉打击。检察机关加强与公安机关配合协作，充分运用引导取证、追捕、追诉等监督手段，体现出对此类犯罪依法严厉惩处的决心。同时，对于办案中发现的“保护伞”相关线索，及时移送有关部门依法办理，坚决严惩侵害未成年人犯罪背后的帮凶与黑手。

案例十

净化网络空间　严惩“童星招募”背后的性侵害犯罪

一、基本案情

2016年5月至2017年5月，曲某某为寻求性刺激，通过QQ聊天软件，冒充某影视公司的女性工作人员，以招募童星需先行检查身体发育情况为由，先后诱骗、唆使被害女童张某某、李某某等人（年龄均在10至13岁之间），要求被害人拍摄自身隐私部位的不雅照片、视频等供其观看。上海市嘉定区人民检察院受理案件后，及时向公安机关提出意见，对涉案电脑中的电子数据进行恢复和固定，进而查明多名被害人的身份信息，最终查证曲某某通过网络猥亵各地女童11人的犯罪事实。2018年3月，检察机关以曲某某涉嫌猥亵儿童罪向法院提起公诉。法院以曲某某犯猥亵儿童罪，判处其有期徒刑十年。

二、典型意义

随着互联网的普及，利用网络社交平台猥亵儿童的新型性侵害案件频发，严重侵害未成年人的人格尊严和身心健康。本案利用“童星招募”实施性侵害犯罪，一方面，暴露出被害儿童涉世未深，缺乏辨识能力和自我保护意识；另一方面，也凸显了未成年人使用网络社交平台带来的安全隐患。对该类犯罪行为依法予以严厉打击，有效净化了网络空间。

案例十一

精准适用法律　严厉打击组织未成年人有偿陪侍

一、基本案情

靳某某从2016年开始，使用感情笼络、威胁、殴打等手段，管理控制梁某等8名女性未成年人在KTV有偿陪客人喝酒、唱歌，持续近两年时间。案发后，江苏省宿迁市宿豫区人民检察院提前介入，认为靳某某的行为损害了未成年人身心健康，严重危害了社会治安管理秩序，应当以组织未成年人进行违反治安管理活动罪追究刑事责任，同时向公安机关提出进一步完善收集固定证据的意见。此后，经综合全案证据，认定靳某某组织未成年人进行违反治安管理活动罪情节严重，依法提起公诉。法院采纳了检察机关的意见，判处靳某某有期徒刑六年，并处罚金2万元。

二、典型意义

不良社会风气严重影响未成年人健康成长，对于不法分子组织未成年人在KTV等娱乐场所有偿陪侍行为，应予以严厉打击。本案中，检察机关会同公安机关、人民法院，精准定性，打击治理娱乐场所组织未成年人有偿陪侍现象，有效维护了社会治安秩序，保护未成年人健康成长。

案例十二

帮教期间发现线索　严惩引诱组织未成年人实施违法犯罪

一、基本案情

刘某等人招募祝某某、马某某、杜某某等多名未成年少女卖淫，后刘某以卖淫女系未成年人为由对嫖客实施敲诈勒索。北京市海淀区人民检察院在对涉案未成年少女开展跟踪帮教过程中了解到，刘某等人多次以诱骗的方式吸引外地未成年少女来京卖淫，并提供统一住宿、日常花销，以及避孕套、手机、收款二维码等实施“仙人跳”的作案工具，可能涉嫌组织卖淫罪。根据这一线索，检察机关积极向公安机关提出意见，并协助调取和固定电子数据，核实嫖客身份，成功追诉刘某等人组织卖淫罪，追加四起敲诈勒索犯罪事实。2019年3月，法院以刘某犯组织卖淫罪、敲诈勒索罪数罪并罚，判处有期徒刑八年，并处罚金。

二、典型意义

组织未成年人卖淫并利用未成年人敲诈勒索获取不法利益的行为，严重侵害了未成年人身心健康，严重扰乱了社会秩序，应予以严厉打击。检察机关在对未成年人帮教中敏锐发现犯罪线索，积极提出收集完善证据意见，会同公安机关，成功追诉犯罪，展现了司法机关不放过、不纵容任何侵害未成年人犯罪的鲜明态度。

案例十三

落实强制报告制度　立案监督办理教师强制猥亵案

一、基本案情

2019 年 5 月，江某某（男，某中学教师）以做实验的名义先后三次将学生小南（女，14 周岁）叫到校实验室实施猥亵。事后，小南父亲向当地教育部门反映了有关情况并向公安机关报案。江某某也主动到当地派出所投案。公安机关审查后认为江某某并未对小南使用强制手段，未当即立案。湖北省枣阳市教育局根据该省制定的强制报告制度工作办法，向检察机关进行了通报。检察机关向公安机关核实具体案情后，认为江某某利用其教师的特殊身份，在违背被害人真实意愿的情况下采用搂抱、亲吻等方式对学生实施侵害，给被害学生形成了心理上的威慑和压迫，这种行为应当构成强制猥亵罪，遂启动立案监督程序。后公安机关以江某某涉嫌强制猥亵罪立案侦查，检察机关提起公诉，同时提出从业禁止建议。法院依法判处江某某有期徒刑一年，自刑罚执行完毕之日起五年内禁止其从事教师职业。

二、典型意义

发生在校园的性侵害未成年人案件，学校具有第一时间获得被害人遭受性侵害信息的客观条件，检察机关依托此条件，积极落实与多部门协同建立的侵害未成年人权益案件强制报告制度，对校园内侵害未成年人线索积极进行处理，依法履行立案监督职能，追究犯罪分子的刑事责任，为未成年人提供及时有效的司法保护。

案例十四

准确认定犯罪事实　依法办理涉恶集团欺凌学生犯罪案件

一、基本案情

自2017年10月以来，高某招揽邱某等14人（12人系未成年人）组成恶势力犯罪集团，采用威胁、恐吓等方式，在校园及周边向未成年在校学生收取“保护费”，实施抢劫、寻衅滋事、盗窃、诈骗等犯罪20余起，被侵害学生30余人，涉案金额达4万余元。江苏省淮安市淮安区人民检察院及时介入侦查，协助公安机关全面收集固定证据，追加认定一起进入学生宿舍收取“保护费”的寻衅滋事犯罪事实，改变定性四起诈骗犯罪为盗窃罪，对仅参与一起盗窃犯罪、情节较轻的未成年人吴某附条件不起诉，对其他集团成员提起公诉。法院依法采纳检察机关的定罪量刑意见，判处首要分子高某有期徒刑十二年零八个月，判处其他13名成员有期徒刑五年至拘役三个月不等刑罚。

二、典型意义

本案是一起由成年人纠集未成年人侵害未成年学生的涉恶校园欺凌案件，侵害人数多、持续时间长、社会影响恶劣，严重危害校园安全。检察机关、公安机关准确认定犯罪事实，合力打击该类涉恶犯罪集团，依法维护了校园安全。

案例十五

严惩校园欺凌　筑起平安校园防火墙

一、基本案情

2018年3月，刘某某、陈某某等人纠结龙某某等3名未成年人，成立以帮忙打架收取保护费的“帮会”，先后逼迫10余名在校学生加入帮会并交纳保护费，殴打10余名在校学生，收取费用约2000元，致使多名被害学生产生厌学情绪。案发后，四川省内江市市中区人民检察院及时介入，引导公安机关调查取证，依法追加起诉闵某某等帮派骨干成员涉嫌寻衅滋事罪。法院最终判处刘某某等人六年零五个月至三年不等刑罚。针对案件中凸显的问题，检察机关向教育主管部门发出加强学生法治教育、建立校园安全防控及净化校园周边环境等检察建议，教育部门及时整改落实，建立健全了校园安全防控体系。

二、典型意义

在校园拉帮结派，收取保护费，欺凌同学，严重扰乱校园秩序，严重影响在校学生安全感，侵害学生身心健康。本案中，检察机关会同公安机关，追诉遗漏犯罪，体现严惩校园欺凌犯罪的决心。发出检察建议督促相关部门依法履职，为未成年人筑起了平安校园防火墙。

案例十六

准确认定从重情节　严惩校外培训机构猥亵儿童犯罪

一、基本案情

自2017年夏天起至案发，张某某在无照开办的书苑教授书法。其间，在有10余名学生在场的情况下，多次以单独辅导为由，分别将4名11至13岁幼女喊到教室最后一排桌子处，以抚摸胸部、小腹、生殖器及亲吻脸部等方式对上述女童进行猥亵。案发后，江苏省南京市鼓楼区人民检察院及时介入审查，发现可能还有其他被害人，遂建议公安机关扩大侦查范围，又排查出2名学生被猥亵的事实。检察机关结合其他从重情节，以张某某涉嫌猥亵儿童罪向法院提起公诉。法院判处张某某有期徒刑八年，并禁止其刑满五年内从事教育类相关职业。

二、典型意义

校外培训机构教师性侵未成年人，存在犯罪隐蔽、发现难、取证难等特点，检察机关针对校外培训机构教师猥亵儿童案及时介入，提出建议，会同公安机关第一时间固定证据，准确认定从重情节，坚决予以严厉打击，对类似行为起到了震慑和警示作用。

案例十七

依法打击非法经营“笑气”保护青少年身心健康

一、基本案情

2017年至2018年5月，武某从网上违法进购“笑气”（一氧化二氮，一种具有较强的传播性、成瘾性和致害性的危险化学品），在微信朋友圈售卖，以快递方式寄送给买方，销售金额达6万余元。已查明的购买者中，在校大学生8人，高中生2人，其中1名购买者因长期吸食“笑气”，出现腿回沟关节受损、中毒性脑病、泌尿系统感染等不良反应。天津市河东区人民检察院以非法经营罪对武某提起公诉。法院判处武某有期徒刑七个月，并处罚金7000元。在办理案件的同时，检察机关深入学校、社区开展普法宣传，引导青少年远离“笑气”危害。

二、典型意义

麻醉药品和精神药品的滥用，对未成年人的身体和精神造成不可逆的双重摧残，以“笑气”为代表的暂未列入麻醉药品或精神药品管制目录的精神活性物质，逐渐成为不法分子新的牟利工具。针对此类案件，在依法予以打击惩罚犯罪的同时，检察机关积极开展普法宣传，保护了未成年人身心健康。

案例十八

依法惩治遗弃犯罪　司法救助温暖困境儿童

一、基本案情

2017年9月，张某因家庭生活困难，幼子（9岁，智力残疾）生活不能自理，遂将其遗弃于道路旁。2019年3月，四川省巴中市通江县人民检察院以遗弃罪对张某提起公诉，法院判处其拘役四个月，缓期六个月执行。张某在缓刑考验期限内违反监督管理规定，无故殴打其子，检察机关依法履行法律监督职责，向法院建议撤销缓刑，法院依法裁定撤销张某缓刑，收监执行。同时，检察机关向相关单位发出检察建议，督促落实对未成年被害人的教育资助、社会福利等政策。协调将未成年被害人安置于儿童福利院，并依法开展司法救助。

二、典型意义

本案是一起监护人遗弃幼子，在缓刑考验期内仍无故殴打幼子的案件。检察机关依法履行法律监督职能，建议法院撤销缓刑。同时，积极开展司法关爱救助，用司法温情呵护困境儿童。

案例十九

审慎审查追诉漏罪　严厉打击拐卖儿童犯罪

一、基本案情

2018 年，广西壮族自治区博白县人民检察院在审查小雨（14 岁，边缘智力）三次被拐卖案时发现，林某、黄某在收买小雨后，均曾与小雨同居后又将其出卖，且可能明知小雨系未满 14 周岁的幼女仍与其发生性关系，检察机关依法追加认定林某、黄某在拐卖过程中存在强奸行为，并对收买被拐卖儿童的卜某追加认定强奸罪，依法向法院提起公诉。法院以林某、黄某犯拐卖儿童罪，且有强奸情节加重判处有期徒刑十年，剥夺政治权利一年，并处罚金人民币 2 万元；以卜某犯强奸罪、收买被拐卖的儿童罪，数罪并罚判处有期徒刑九年零六个月；对其余 6 名同案犯分别判处有期徒刑四年零六个月至二年不等。

二、典型意义

本案是一起幼女被连续拐卖并遭受性侵害的案例。被害人被拐卖三次，环节多、涉案人数多。检察机关在履行检察职能过程中注重细节审查，及时发现强奸事实后追加起诉并获得法院支持，有效维护了未成年人合法权益。

案例二十

强化法律监督以案促改　细化落实校园安全规章制度

一、基本案情

李某系某小学教师，2017 年 6 月，先后在校内对 3 名 7 岁幼童实施猥亵，一审法院以猥亵儿童罪判处其有期徒刑四年零六个月。河南省周口市人民检察院审查认为，李某在教室内实施猥亵，具有“在公共场所当众”实施的加重情节，法院判决未认定该情节导致量刑畸轻，遂依法抗诉。法院采纳抗诉意见，改判李某有期徒刑七年。同时，检察机关会同教育部门制定教师入职审查制度，联合开展防性侵专项督查，教育部门依据相关规定吊销李某教师资格证，将其录入从业禁止黑名单，并对该校校长予以免职处分，对主管部门负责人进行诫勉谈话，对辖区校园进行督导排查并加强师德教育，营造未成年人健康成长的安全校园环境。

二、典型意义

检察机关“以抗促治，以案促改”，通过依法坚决抗诉，严厉打击侵害未成年人犯罪，维护法律统一正确实施，会同教育部门全面落实和细化校园安全规章制度，参与推进校园安全体系建设。

北京西城法院发布家事审判典型案例

（2019年11月28日）

适用涉家暴离婚案件分别庭审规则，避免二次伤害

一、基本案情

在宋女士诉周先生离婚纠纷案中，原告宋女士与被告周先生婚后育有一子。因长期遭受家庭暴力，宋女士诉至法院，要求与周先生离婚，儿子由其抚养。周先生同意离婚，但主张儿子由其抚养。

诉讼中，宋女士称周先生脾气暴躁，其多次受到周先生威胁、伤害，早已带儿子离开原共同居所。宋女士表示无法冷静地与周先生面对面庭审，只要见到周先生就十分害怕，无法清晰表述自己的真实意思，向法院申请不与周先生同时出庭。

法官根据宋女士的陈述、行为表现及相关证据判断，本案双方不宜同时出庭，故适用涉家暴离婚案件分别庭审规则，分别传唤双方到庭陈述、质证。单独出庭时宋女士意思表示清楚、逻辑清晰，并准备了充足的证据。最终法官结合当事人陈述及证据，判决准予双方离婚，儿子由宋女士直接抚养。

二、典型意义

根据法律规定，涉及身份关系案件当事人本人应当出庭。在此原则下，考虑到涉家暴离婚纠纷案件中部分受害方不愿再次面对施暴者的心理，西城法院积极探索对涉家暴离婚案件当事人适用分别庭审规则，分开询问双方意见，避免受害方直接面对施暴者。分别庭审规则既能避免受害

方受到二次伤害，亦有利于当事人完整地陈述事实、表达意见。

启用家事调查制度，助力案件公正审判

一、基本案情

在赵先生诉赵女士继承纠纷案中，被继承人赵老先生和王老太育有子女四人。二位老人去世后，子女四人因遗产继承问题诉至法院。二位老人生前未留有遗嘱，遗产将按法定继承方式处理。诉讼中，三位赵先生认为，三人在父母生前尽到主要赡养义务，故三人应当依法多分遗产。赵女士认为四人均定期回家探望照顾父母，都尽到了赡养义务，故遗产应当均分。四名子女均未举证证明赡养老人的事实。

案件审理过程中，为查明本案中子女对二位老人的赡养情况，法官选择一名来自二位老人生前居住社区的家事调查员。调查员与被继承人的邻居、好友沟通，了解四名子女对老人的照顾、探望、陪伴等情况。调查员还走访被继承人所在居委会及物业公司，详细询问四名子女对被继承人生前赡养情况。基于调查员的详细调查，法官在庭审证据的基础上认定四名子女均尽到相应的赡养义务，判决四名子女均等分割赵老先生和王老太的遗产。

二、典型意义

西城法院在家事案件审理中探索建立家事调查员制度，选任来自辖区街道社区的妇联干部、社工人员加入家事调查员队伍。家事调查员对家事案件中的特定事项进行全面、细致调查，协助法官全面了解案件事实，助力案件公正审理。

加强依职权调查取证力度，追求案件实质正义

一、基本案情

在王女士诉张先生离婚纠纷案中，王女士起诉要求离婚，理由是其夫

张先生婚后存在家庭暴力行为导致夫妻关系破裂。诉讼中，王女士为证明张先生有家暴行为，提交了医疗诊断证明和检查结论，但就其受伤原因未提供直接证据予以证明。张先生否认王女士伤情系其家庭暴力行为所致。

法官详细询问王女士事发当天经过。通过调取王女士住所附近的监控录像，法官发现王女士回家时状态正常，出门时以手捂住口鼻，走路踉跄，在保安的帮助下打车离开小区。基于视频线索，法官找到了小区保安。据保安回忆，王女士当天脸部有明显伤痕、口鼻出血，请求保安赶紧帮助她打车，别让她丈夫追上来。

庭审中，法官向张先生出示法院调取的相关证据，张先生解释王女士受伤原因时言语不清且逻辑混乱。法院依据王女士提交的证据、依职权调取的相关证据并结合双方陈述，认定张先生存在家暴行为，判决准予双方离婚，并由张先生向王女士支付赔偿金。

二、典型意义

家庭暴力案件中常涉及举证难问题。针对涉家暴案件，西城法院加强法官依职权调查取证的工作力度，最大程度地防止家暴受害人因举证能力不足而影响自身合法权益的维护。

判后回访追踪司法效果，彰显司法温情

一、基本案情

在杨女士诉王先生抚养关系纠纷案中，原告杨女士与被告王先生原系夫妻，双方离婚后，杨女士一直生活在国外，双方之子由王先生直接抚养。现杨女士已再婚，想让孩子随自己到国外生活，起诉王先生要求变更抚养关系。王先生在答辩过程中表示不同意变更抚养关系，多次表达自己对孩子能否融入再婚家庭及国外生活的担忧。鉴于孩子已小学毕业，能够表达自己的意思，法官多次与孩子沟通，了解孩子的真实想法。在法官的帮助下，孩子向王先生敞开心扉，消除了王先生的担忧。最终，根据孩子的意愿，综合考量双方的生活条件，法院判决变更抚养关系，由杨女士直接抚养孩子。

为确认孩子是否适应国外生活，法官用电子邮件的方式回访孩子数年，了解到孩子在国外适应得非常好，还去了美国、加拿大等国家留学。孩子每年寒暑假都会回来看望王先生，父子关系融洽。

二、典型意义

家事案件的最终裁判往往不意味着纠纷真正化解。为从根本上解决矛盾纠纷，西城法院不断延伸审判职能，建立判决后的长效回访机制，一方面了解判决的履行情况，另一方面对判决无法解决的当事人情感及生活问题和困难进行观护，彰显司法温情。

试用家庭财产申报制度，刚柔并济引领诚信诉讼

一、基本案情

原告陈女士与被告郭先生协议离婚，因离婚时未对夫妻共同财产进行分割，陈女士起诉要求分割郭先生名下的存款。郭先生辩称全部存款已用于夫妻共同生活，没有存款可分割。经询问，陈女士也不清楚郭先生的存款情况。

案件受理后，法院在立案和送达过程中向郭先生送达《离婚案件当事人财产申报表》及《财产申报告知书》，要求如实填写财产状况，从而固定本案需要处理的夫妻共同财产范围。同时，明确告知郭先生要诚信诉讼，以及不如实申报财产存在的诉讼后果。

经郭先生申报，其名下三个银行账户在离婚当日均无存款余额。陈女士遂申请法院对上述三个银行账户的交易流水进行查询。经查，上述账户在二人离婚前均有非正常大额支取行为，而郭先生虽主张支出用于家庭生活消费，却未能提供证据证明。据此，法院认定郭先生存在转移夫妻共同财产的行为，在分割夫妻共同财产时依法对其予以少分以示惩戒。

二、典型意义

家事案件财产纠纷中，当事人瞒报、虚报、隐匿、转移财产或虚构共同债务的情况时有发生，财产清查难度大。为维护当事人合法权益、缓解

调查取证压力，西城法院近年来探索在涉及财产分割的家事案件中试用财产申报制度，取得了良好效果。对不如实填报的当事人予以相应处罚，在一定程度上威慑和打击了故意隐匿、转移家庭共同财产等违法行为，引导当事人诚信参与诉讼，促进案件高效公正审理。

齐思某与邵旭某离婚纠纷案

——无其他子女不能成为直接抚养子女的唯一理由

林守霖*

[裁判要旨]

在处理离婚纠纷中未成年子女抚养关系时，应将子女放在中心地位，遵循“儿童最大利益”原则，以子女视角审视父母双方的抚养能力、条件，考虑子女的生活、学习环境，参酌子女随父或随母生活的意愿，作出合理、合法安排。不能仅以一方“已做绝育手术或因其他原因丧失生育能力”或“无其他子女，而另一方有其他子女”为由，判决子女随其生活。

[案号]

一审：（2016）闽0105民初1501号

二审：（2017）闽01民终3822号

[案情]

原告：齐思某。

被告：邵旭某。

2009年11月12日，齐思某与邵旭某在福建省福州市马尾区民政局登记结婚，双方于2011年10月4日生育一女邵某某。齐思某以双方之间长期小矛盾积累引发感情破裂，自2014年开始长期分居为由起诉离婚，并请求判决婚生女邵某某由其抚养，邵旭某每月支付2000元抚养费至邵某某成

* 作者单位：福建省福州市中级人民法院。

年为止。邵旭某辩称，同意离婚，婚生女邵某某应由其抚养，齐思某每月支付抚养费1000元至邵某某年满18周岁止。而且，婚姻关系存续期间，齐思某与他人同居，并于2016年7月12日生育一名女婴。2016年7月11日至2016年7月15日期间，齐思某以个人信息在福州福兴妇产医院登记住院，住院病案记载其生育一名婴儿，孕产妇住院实名制告知书“新生儿父亲姓名”一栏为“单亲”。齐思某在本案审理期间先否认福兴妇产医院信息的真实性，认为所有签名均非其本人所签，是个人信息被盗用，后承认为其本人所签，并表示其本人没有实际生育子女，只是将个人信息借给朋友使用，但以与朋友存在金钱交易为由，拒不提供其朋友的相关信息。

[审判]

福建省福州市马尾区人民法院经审理认为，双方均表示同意离婚，表明二人夫妻感情确已破裂，予以支持。齐思某用个人信息于2016年7月11日至2016年7月15日期间在福州福兴妇产医院登记住院，住院病案记载其生育一名婴儿。鉴于齐思某否认该婴儿为其子女，法院依法向其释明是否申请亲子鉴定，其以无法承担鉴定费为由拒绝进行鉴定。齐思某起诉后故意隐瞒案件事实，作虚假陈述，且诉讼中拒不提供新生婴儿的相关信息配合法院调查，拒绝做亲子鉴定，依照《最高人民法院关于适用〈中华人民共和国婚姻法〉若干问题的解释（三）》第二条第二款规定，推定福州福兴妇产医院住院病案记载的婴儿为齐思某的子女。依照《最高人民法院关于人民法院审理离婚案件处理子女抚养问题的若干具体意见》（以下简称《意见》）第3条第3项规定，齐思某还有其他子女，邵旭某无其他子女，故婚生女邵某某应由邵旭某抚养。邵旭某要求齐思某每月支付抚养费1000元，符合当地生活消费水平，予以支持。据此，马尾区法院判决准予双方离婚，婚生女邵某某由被告邵旭某抚养。

一审宣判后，齐思某以其有固定收入，邵某某从出生至现在一直跟随其生活，邵旭某长期无正当职业、经常酗酒很少回家，经常使用家庭暴力，齐思某行使邵某某抚养权，有利于孩子的健康成长等为由，向福建省福州市中级人民法院提起上诉，主张婚生女邵某某应由其直接抚养。

福州市中级人民法院经审理认为，人民法院审理离婚案件，对子女抚养问题，应遵循“儿童利益最大化”原则，《意见》亦明确指出，应当从有利于子女身心健康，保障子女的合法权益出发，结合父母双方的抚养能力和抚养条件等具体情况妥善解决。本案中，双方承认自2014年起分居，邵旭某一、二审期间均陈述自双方分居起，邵某某随齐思某抚养，且齐思某拒绝其及父母探视。据此可见，邵某某已随齐思某生活近三年。根据邵某某的精神、身体状况，其已适应随母亲生活，得到母亲及外公、外婆很好的抚养，若改变其生活环境，不利于其健康成长。一审法院仅以齐思某还有其他子女、邵旭某无其他子女为唯一理由，将邵某某判归邵旭某抚养，是对《意见》第3条第3项规定的片面理解和机械适用，予以纠正。综上，齐思某的上诉请求成立，改判婚生女邵某某由齐思某抚养。

［评析］

本案是离婚纠纷中子女抚养问题较为典型的案件。抚养关系是亲子关系的重要内容，离婚虽不影响亲子关系，但却使父母之间不可能再同居共财、齐心协力地抚育未成年子女；离婚虽不影响父母与子女之间的权利义务内容，但却影响了这些权利义务的行使方式和效果。但是，我国现行法律有关抚养权分配的规定较为原则甚至落后，主要有2001年全国人大常务委员会修正的《婚姻法》第三十六条以及1993年最高人民法院制定的《意见》。由于立法上的滞后，在离婚纠纷的审判实务中，司法对未成年子女被抚养权益的保护明显不够。本案涉及的争议焦点是婚生女应随父还是随母共同生活，核心是确定由父或母直接抚养子女的因素是什么。

一、子女最大利益：审理离婚纠纷抚养关系应遵循的基本原则

在离婚纠纷案件中，不仅涉及离婚双方的身份关系，还涉及财产关系及子女抚养关系。抚养关系纠纷涉及离婚当事人双方及其子女等多方利益，如何平衡方利益，体现了对待抚养关系所秉持的理念与原则，也是法官在案件审理中需要解决的首要问题。

国际上，1989年《儿童权利公约》第3条第1款规定："关于儿童的一切行动，不论是由公私社会福利机构、法院、行政当局或立法机构执行，均应以儿童的最大利益为一种首要考虑。"这标志着现代亲子法确立了"儿童的最大利益"原则。世界上许多国家和地区也都把"子女最大利益"原则作为处理未成年子女抚养权归属问题的最高准则，给予未成年子

女权益最大化的保护。[①]

我国法院审理抚养关系纠纷主要依据《婚姻法》第二十三条、第三十六条的规定和《意见》。《婚姻法》第二十三条规定："父母有保护和教育未成年子女的权利和义务。"第三十六条规定："离婚后，哺乳期内的子女，以随哺乳的母亲抚养为原则。哺乳期后的子女，如双方因抚养问题发生争执不能达成协议时，由人民法院根据子女的权益和双方的具体情况判决。"上述两条规定实际上隐含或包含了以"子女权益"为重这一原则，[②]《意见》则在开篇即明确指出审理子女抚养纠纷要遵循有利于子女利益这一原则：人民法院审理离婚案件，对子女抚养问题，应当依照《婚姻法》第二十九条、第三十条[③]及有关法律规定，从有利于子女身心健康，保障子女的合法权益出发，结合父母双方的抚养能力和抚养条件等具体情况妥善解决。[④]

本案中，一审法院仅以一审被告（男方）无子女为由，判决婚生女由父亲直接抚养，完全忽视了孩子的利益，不符合子女最大利益这一原则，既与《儿童权利公约》的"儿童的最大利益"原则相悖，也有违《婚姻法》及《意见》的规定。

二、子女中心地位：审理离婚纠纷抚养关系应确立的重要视角

如何遵循"儿童的最大利益"原则？法官以子女为中心的视角审视离婚案件中抚养关系纠纷的处理是保障离婚纠纷中的未成年子女利益最大化的有效途径。

在传统观念中，离婚案件需要解决夫妻双方的感情和身份纠纷，财产分割和子女抚养问题只是离婚案件的附属"产品"，夫妻双方自然成为法

---

① 如《德国民法典》在处理子女亲权问题上始终贯穿着"子女最大利益"这一立法原则（参见叶晓彬：《论我国未成年人权益保护法律制度的完善》，载《行政与法》2009年第1期）；《美国统一结婚离婚法》第402条明确规定，法庭应使有关监护权的决定符合子女的最佳利益；我国台湾地区"民法"第1055条规定，法院在确定离婚父母对于未成年子女权利义务之行使或负担、为子女确定监护人时，应依子女之最佳利益。

② 虽然《婚姻法》第二十三条规定的是父母的权利和义务，但却是为了子女的利益；第三十六条直接强调了子女抚养权分配应"根据子女的权益"这一原则。

③ 1980年9月10日第五届全国人民代表大会第三次会议通过《婚姻法》，相关条款已被2001年4月28日第九届全国人民代表大会常务委员会第二十一次会议《关于修改〈中华人民共和国婚姻法〉的决定》修正为第三十六条和第三十七条。

④ 这段话置于《意见》第一段，起着"总则"的作用，以下称这段话为"总则"。

官关注的焦点，居于中心地位。但是，结婚是为了建立家庭，离婚意味着家庭的解体，而家庭并非仅仅是离婚双方当事人感情和身份的简单组合，它是婚姻关系、亲子关系、财产关系等多种法律关系的复杂组合体。婚姻破裂、家庭解体涉及的主体不仅只有案件的原被告双方，还有子女。从这个意义上说，子女也是案件当事人。因为，子女不是财产，是鲜活的生命体，他（她）的生命轨迹将因父母离婚这一法律事实而完全改变。他（她）在父母离婚这一其完全无法主导的事件中，处于被动、无助和弱势的状态，其利益理应由司法以国家亲权名义加以保护。

放眼世界，亲子关系大体经历了古代“家本位”、近代“亲本位”、现代“子本位”亲子法的发展过程。“亲本位”的法律侧重保护和加强父母权利，而“子本位”的立法重点则将父母的权利转化为责任，确认了儿童具有本体性，不是父母的附庸。近年来，理论上的发展愈发倾向于把亲权视为以父母义务为主的权利义务共同体，且权利是一种履行义务和职责的权利。① 立法上反映这种变化最典型的是德国、法国等国家。②

因此，法官在审理离婚案件抚养关系纠纷时，应该蹲下来，以子女的角度和立场审视父母，以子女为中心考察双方（包括祖辈）的抚养意愿、抚养能力、抚养条件等，合法、合理地确定直接抚养权的归属，探望的方式、时间和频次，抚养费数额及支付方式等，最大限度地保障未成年子女的合法权益。

三、正确适用法律：审理离婚纠纷抚养关系应把握的关键环节

前已述及，目前法院审理离婚案件抚养关系纠纷的依据主要是2001年修正的《婚姻法》和1993年制定的《意见》。但是，由于历史的局限，虽

---

① 如日本学者我妻荣认为，亲权是排除他人，在哺育、监护、教育子女的责任的意义上的权利，其内容是谋求子女的福利而不是谋求父母的福利。参见陈苇主编：《外国婚姻家庭比较法研究》，群众出版社2006年版，第326页。日本法学家中川善之助早在1928年就撰文指出，父母对子女的抚养是父母为保持自己的生活（家庭生活）所必尽的义务，这种义务是无条件的，要做出自我牺牲的，是所谓“即使是最后的一片肉、一粒米也要分而食之的义务。”参见杨大文主编：《亲属法》北京法律出版社2003年版，第284页。

② 如德国将亲权由Elterlilche Gewalt（直译为父母的权利）改为Elterlilche Sorge（直译父母的照护），并且将父母的照护权界定为以对子女人身和财产权益的照护为主要内容。现行《法国民法典》第371-2条明确规定：“父与母对其子女有照管、监护、教育的权利与义务。”

然《婚姻法》隐含或包含了以“子女权益为重”的原则，《意见》貌似也确立了以子女为中心解决抚养纠纷的立场，但《婚姻法》和《意见》并没有全面体现“儿童最大利益”原则，很多具体规定甚至与这一基本原则相悖，不能很好地保护未成年子女的合法权益。例如，《意见》第 3 条关于一方“已做绝育手术或因其他原因丧失生育能力的”“无其他子女，而另一方有其他子女的”可优先考虑子女随其生活的规定，即是视子女为父母“附属物”，以父母为中心地位，牺牲子女利益的具体体现，为实践中机械适用该规定“照顾”父母一方利益提供了依据。本案一审法院先推定齐思某另生育一名婴儿，进而判决婚生女邵某某由邵旭某抚养，明显是对《意见》第 3 条第 3 项规定的片面理解和机械适用。首先，从法条的理解上，不能仅从文本表面意思出发，而应从《意见》的体系入手进行解释。《意见》在“总则”部分开宗明义强调，人民法院审理离婚案件，对子女抚养问题，应当从有利于子女身心健康，保障子女的合法权益出发，结合父母双方的抚养能力和抚养条件等具体情况妥善解决。《意见》第 3 条规定的“已做绝育手术或因其他原因丧失生育能力的”“无其他子女，而另一方有其他子女的”可予优先考虑随其生活，仍然应符合“总则”确定的原则，即这里的“优先”不能损害子女的身心健康及合法权益，当符合“优先”条件一方的抚养能力、条件明显不如对方时，就不符合“优先”的条件，不能依据该规定判决子女随其生活，只有双方抚养能力、条件相当，子女生活、学习环境没有发生重大改变时，才能优先考虑随其生活。其次，从法条的适用上，除了该“优先”的情形外，还应考察双方的抚养能力、条件是否相当，子女生活、学习环境是否发生重大变化等因素。案涉婴儿系依法推定齐思某生育，即便确系其生育，亦应对比双方工作性质、父母帮助照料的意愿和能力、居住和生活环境等。通过比较，母亲齐思某的抚养条件优于父亲邵旭某，且邵某某已在母亲齐思某处幸福、健康地生活了近三年，改变生活、学习环境明显不利于刚五岁的邵某某健康成长。况且，本案双方当事人年龄不大，再婚再育的可能性极大，一审法院以男方无子女为由将孩子判归男方抚养，亦缺乏逻辑的自洽性。

因此，在审理离婚纠纷抚养关系时，应将子女放在中心地位，遵循“儿童最大利益”原则，以子女视角审视父母双方的抚养条件，参酌子女原生活、学习环境及其跟随父或母生活的意愿，正确理解、适用法律，作出合理、合法安排。

陈某诉某网络科技有限公司网络服务合同纠纷案

——未成年人在网络直播平台消费的责任认定

陈海仪　刘燕槟*

[案由]

网络服务合同纠纷

[审理法院]

广东省广州市番禺区人民法院
广东省广州市中级人民法院

[简要案情]

2018年2月14日至3月3日期间，陈某（2006年11月出生）用其母亲的银行卡与某网络科技有限公司发生交易，用于在网络直播平台上观看别人打游戏送礼物，交易金额为57050.8元。后陈某起诉至法院，请求确认其与某网络科技有限公司的网络合同无效，判决某网络科技有限公司返还陈某打网络游戏扣取其法定代理人银行卡现金57050.8元。

[裁判结果]

广东省广州市番禺区人民法院作出民事判决：一、确认陈某与某网络科技有限公司于2018年2月14日至3月3日期间形成的网络服务合同无效；二、某网络科技有限公司于判决发生法律效力之日起五日内向陈某退还款项39936元；三、驳回陈某其余诉讼请求。一审案件受理费1226元，

* 作者单位：广东省广州市中级人民法院。

由陈某负担 368 元，某网络科技有限公司负担 858 元。一审判决后，某网络科技有限公司提出上诉。

经广东省广州市中级人民法院主持调解，双方当事人同意由某网络科技有限公司退还陈某消费金额人民币 39936 元及支付因此发生的诉讼费 858 元，以上款项合计为人民币 40794 元。

［评析］

本案是一起未成年人利用父母的手机号码注册网络直播平台账号并绑定父母的银行卡进行大额消费的案例。本案陈某的母亲称涉案银行卡是以其名义开立，其每月收入仅 1500 元。陈某的父亲称涉案的银行卡是连接其本人的手机号码，但由于其本人常年在外面工作，而且这个号码已经丢失，所以无法收到消费的信息。本案中，关于未成年人与网络科技公司订立的网络服务合同的效力，以及网络科技公司应否返还相关款项问题，应结合陈某的年龄及消费金额、陈某家庭的经济状况及对陈某的监管情况、网络科技公司履行核实身份义务的情况等进行综合分析，并充分体现司法对未成年人实施网络行为的管理和保护原则。

1. 关于未成年人与网络科技公司订立的网络服务合同的法律效力认定。陈某通过网络注册账号的方式，在某网络科技有限公司提供的网络直播平台上观看网络互动直播，双方形成网络服务合同关系。根据陈某的陈述，其打赏的对象是主播，陈某与某网络科技有限公司之间并无赠与和接受赠与的意思表示，而陈某通过充值购买虚拟礼物，属于服务性消费，因此，本案为网络服务合同纠纷。《民法总则》第十八条第二款规定，16 周岁以上的未成年人，以自己的劳动收入为主要生活来源的，视为完全民事行为能力人。第十九条规定，8 周岁以上的未成年人为限制民事行为能力人，实施民事法律行为由其法定代理人代理或者经其法定代理人同意、追认，但是可以独立实施纯获利益的民事法律行为或者与其年龄、智力相适应的民事法律行为。《合同法》第四十七条第一款规定，限制民事行为能力人订立的合同，经法定代理人追认后，该合同有效，但纯获利益的合同或者与其年龄、智力、精神健康状况相适应而订立的合同，不必经法定代理人追认。本案中，涉案交易发生在 2018 年 2 月 14 日至 3 月 3 日期间，当时陈某未满 18 周岁，故应认定陈某在涉案交易发生期间为限制民事行为能力人。涉案交易中，虽然陈某每次消费金额不大，但在短短一个月期间累计消费5万多元，该不理性消费行为与其年龄、智力不相适应，现陈某的法定代理人拒绝追认该民事法律行为，根据上述法律规定，应认定陈某与某网络科技有限公司在2018年2月14日至3月3日期间成立的网络服务合同无效。

2. 关于未成年人的家庭及网络科技公司应承担的过错责任认定。《合同法》第五十八条规定，合同无效，因该合同取得的财产应当予以返还，不能返还或者没有必要返还的，应当折价补偿，有过错的一方应当赔偿对方因此所受到的损失，双方都有过错的，应当各自承担相应的责任。陈某方面的过错为：陈某父母称其工作忙碌，涉诉银行卡和手机都留在家里，未进行看管，平常也放任陈某使用手机玩游戏，陈某母亲对陈某存在监管不力、对其网络行为予以放任的过错。陈某父亲称银行卡连接其电话卡，但其号码丢失，故无法收到消费短信，其未及时发现陈某使用涉案银行卡消费并进而阻止，造成损失进一步扩大。某网络科技有限公司方面的过错为该公司在《用户注册协议》《软件（网站）许可及服务协议》《充值服务协议》中已提示未成年人应当在监护人陪同下阅读协议、使用软件，并须得到监护人同意才能使用充值服务，可见该公司已预见到未成年人使用软件以及充值服务的可能性，但其对于未成年人注册、充值、消费未尽到核实身份的谨慎义务，且在现在科技如此发达的情况下，某网络科技有限公司故意不以人面识别等科学技术对用户注册进行身份验证，导致大量未成年人利用该漏洞进行游戏或网络直播打赏，沉迷网络，某网络科技有限公司对用户的进入监管存在重大过错。综合考虑双方上述过错，涉案交易发生时陈某年仅12岁，对金钱的价值欠认识，另外，某村民委员会出具并由某市某镇人民政府社会事务办公室确认的《证明》，解释了陈某疏于监管的原因以及家庭困难的情况。综上，某网络科技有限公司向陈某返还消费金额的70%，其余的消费金额由陈某自行承担的处理原则，充分体现了对未成年人网络保护的应有之义，即网络服务提供者在向未成年人消费者提供服务时应设置相应消费管理功能，而作为家长应对子女上网行为进行有效的安全教育、消费行为管束。经二审法院与调解员对双方当事人进行耐心的调解，进一步释明法院对未成年人网络问题的处理原则，并予以有效的疏导，遂本案二审达成了调解。

【域外考察与借鉴】

国外未成年人网络保护面临的问题及应对策略

季　萍　沈歆舣　江振思*

未成年人网络保护已经成为世界性难题。各国就如何维护未成年人网络权益，促进未成年人健康成长，进行了积极的探索与实践，其采取的一系列措施对我国未成年人网络保护具有一定的借鉴意义。

一、国外未成年人网络保护面临的现实问题

随着互联网普及率的提升，未成年人应用网络已经成为一种不可逆转的现象，并引发诸多现实问题。对此，国外学者较早对未成年人网络安全问题进行了关注。2011 年，比利时安特卫普大学的 Walrave、Lenaerts 和 DeMoor 教授通过研究指出，网络使用已成为一个主要的家庭行为，有 92.8% 的 12 ~ 18 岁未成年人在家里访问网络，91.2% 的 7 ~ 11 岁未成年人在家里进行网络冲浪。同时，比利时根特大学 Valcke 教授等人的研究表明，有 36% 的 8 ~ 12 岁未成年人在单独的房间中访问网络，17.6% 的未成年人在卧室使用计算机。但是，由于未成年人自身正处于价值观形成的初期阶段，认知缺陷和社会经验不足导致其对信息的辨别与界定能力尚不成熟，所以容易受到网络问题的侵害，从而导致一系列不良后果。笔者在综合国内外相关研究成果的基础上，总结得出以下未成年人网络使用中存在的问题。

（一）网络不良信息泛滥

信息是网络社会构成的根本要素，随着互联网应用的不断发展，信息

---

* 作者单位：北京电子科技学院管理系。

自然地被分为良性信息及不良信息。不良信息主要包括违背伦理道德的信息、危害身心健康的信息或者包含网络犯罪的信息。而未成年人所面对的不良信息主要是指以图片、视频、游戏、文字等形式出现的暴力信息和色情信息。

根据法国政府2004年6月的统计数字，1/3以上的法国青少年曾在网上“无意撞见”暴力、淫秽、色情、种族主义、仇外主义等“令人震惊的”内容。网络不良信息对未成年人的危害很大，受不良信息的影响，未成年人表现出沉迷赌博、涉及违法言论、虚拟暴力转化为现实暴力等不良现象，影响未成年人社会化，容易诱发未成年人违法犯罪。

网络色情信息泛滥是英国政府在互联网治理方面需要解决的一个难题。根据英国《卫报》2013年6月的一项调查统计结果的报道，英国所有网站的点击率中，色情网站点击率占到了8.5%。该点击率已远远超过了其他新闻、商业、购物以及社交网站的点击率。另外，在对英国14～17岁的儿童所进行的一项专项调查中，将近60%的人承认其曾有过浏览色情网站的经历。色情淫秽信息会造成很严重的心理上的不良影响，未成年人会出现注意力不集中，性情不稳定，甚至出现难以克制性冲动的性行为。

（二）网络成瘾现象普遍

“网络成瘾症”是一种过度使用互联网行为的心理疾病，患者年龄介于15～45岁之间，未成年人患病比例远远高于成年人。土耳其学者研究得出网络成瘾已成为一个重要的风险因素，特别是在12～18岁年龄组。未成年人由于心理没有成熟而被认为是沉迷于互联网的潜在风险群体。

法国与土耳其学者的相关研究表明，13～19岁年龄组一般使用互联网来玩电脑游戏、听音乐和认识新朋友。日益增加的互联网使用和各种各样的信息等以不受控制的方式导致了许多负面结果。未成年人网络成瘾的原因主要是社会和家庭对网络游戏的管控不当导致未成年人过度沉迷于此。网络游戏就像是毒药，由于未成年人缺乏自控力，在过度游戏过程中容易对网络操作出现时空失控，而且随着乐趣的增强，欲罢不能，严重影响身心健康。

（三）网络隐私泄露

在大数据时代，网站搜集用户个人信息成为一种普遍现象，这容易导致用户隐私信息泄露。而网络的虚拟性和交互性，以及未成年人自身的防范意识弱、对隐私保护意识不强、辨别能力不足等因素，导致未成年人更容易将个人和家庭隐私信息泄露给某些不良网站。网站通过各种方式诱导儿童填写个人信息，包括姓名、住址、生日等，甚至还包括父母的信息。未成年网民强大的好奇心带来了大量的市场发展空间，越来越多的网站不断推出各种产品和服务，成年人尚且对不良信息还有判断失误，由此可见未成年人面对的网络隐私泄露问题将更加严峻。

13 岁以下的儿童属于未成年人隐私泄露的核心群体，针对这一特点，美国成立了联邦贸易委员会（FTC），用户可在其网站对违反《儿童网络隐私保护法》（COPPA）的网站或运营商进行投诉。2014 年 9 月，FTC 以违反 COPPA 规定，不当收集儿童个人隐私信息为由，对 Yelp（美国在线评论网站）处以 45 万美元的罚款。关于网站和运营商不当收集、使用、泄露儿童个人信息的案例在 FTC 官方网站上有很多，可见，未成年人隐私泄露问题已呈蔓延趋势。

（四）网络欺凌现象严重

欺凌是指恃强凌弱（或以多欺寡）、持续性地伤害他人的行为。在未成年人群体中，欺凌往往与校园暴力事件挂钩。随着互联网技术的发展，欺凌者开始借助网络来实施欺凌行为。网络欺凌，也叫网络欺负，是指个人或群体使用信息传播技术如电子邮件、手机、即时短信、个人网站和网络个人投票网站等，有意、重复地实施旨在伤害他人的恶意行为。

美国网络欺凌研究中心（CRC）一直致力于青少年网络欺凌的调查研究，2016 年以全美有代表性的 5700 名年龄在 12 岁至 17 岁之间的未成年人为样本进行调查研究，结果显示，33.8% 的未成年人曾经受到过网络欺凌，11.5% 承认曾在网络中欺负过他人。

2006 年发生在美国密苏里州的梅根事件被称作网络暴力第一案，之后的几年受网络欺凌的未成年人数量更是与日俱增。在互联网时代，未成年人面对的欺凌从现实生活中的校园欺凌扩大到虚拟世界里的网络欺凌，而网络欺凌涉及的人数更多，导致的危害更大。2018 年 1 月，澳大利亚 14 岁童星埃米·多莉·埃弗里特因不堪网络欺凌自杀，此事件引起广泛的关注。澳大利亚总理特恩布尔在社交媒体上表示，多莉的遭遇提醒人们警惕网络霸凌的危害，应采取措施尽力防止霸凌事件发生。在世界范围内网络暴力、网络欺凌导致的未成年人自杀事件屡见不鲜，层出不穷，已经成为亟待解决的严重社会问题。

（五）社交网站缺乏管理

社交网站有时被称为“朋友之友”网站，它建立在传统社交网络的概念之上，尽管社交网站的功能不同，但它们都允许提供有关用户的信息，并提供某种类型的通信机制可以与其他用户连接。

2013年，美国政府在政府官网上发布了关于社交网站问题的调查报告，强调网络攻击多涉及社交网络账户，突出了社交网站的潜在脆弱性。社交网站由于缺乏合理的监管往往成为信息泄露的重灾区。例如，2012年3月，社交游戏网站RockYou因未经用户的监护人同意收集、使用、披露儿童个人信息，并且未能保护其用户隐私导致黑客非法访问3200万用户的个人信息而违反相关规定。美国Yelp网站有一个筛选机制，禁止13岁以下的用户注册，即访客在注册Yelp用户的过程中被要求提供出生日期。但是，Yelp并没有对出生日期显示在13岁以下的用户进行限制，仍然允许其成为用户，收集他们的个人信息并且发布在Yelp网页上。

社交网站管控不严以及部分别有用心的人通过社交网站欺骗诱导未成年人，都造成了社交网站存在的巨大危险。例如，美国MySpace网站是世界最大交友网站之一，美国少女梅甘·米埃尔因陷入一名同学的母亲和两名同学通过该网站精心编造的网上交友骗局而上吊自杀，时年13岁。

美国南佛罗里达大学Berson教授的研究指出，较多女孩采用了不安全的在线联系行为（如泄露个人信息、发送个人照片），一些成年罪犯同未成年人通过在线联系，取得他们的信任，在最初的在线联系后进行面对面接触并实施犯罪。相对而言，离线联系的风险较低。

二、国外未成年人网络保护采取的策略

（一）通过立法构建未成年人网络保护体系

通过立法来保护未成年人安全使用网络是各国普遍采用的治理方式。纵观国内外，目前未成年人的网络保护模式主要表现为集中立法保护和分散立法保护两类，前者以美国、日本为代表，后者以英国和德国为代表。

各国制定未成年人网络保护的相关法律，其宗旨是保护未成年人的网

络安全。在美国，政府通过颁布法案的形式对儿童网络活动加以保护，先后出台了多部法律，形成了比较完善的儿童网络保护体系。英国等国虽然没有相对完善的立法体系，但其不断修订和完善现行的各类法律法规。以集中立法为代表的美国为例，其《儿童网络保护法》将必须过滤的信息分为三类：（1）淫秽的定义；（2）儿童色情的定义；（3）有害于未成年人的信息。而以分散立法为代表的德国为例，在《多媒体法》中扩大了《刑法》中“出版物”的概念，明确规定“出版物”包括电子的、视觉的或其他类型的数据存储介质，着重限制包含猥亵、色情、恶意言论、谣言、种族主义的言论。不论是集中立法还是分散立法，各国对未成年人的网络侵害完全是“零容忍”，司法机构穷尽一切途径解决网络立法的“落地”问题，对未成年人网络保护的相关法律法规将不断完善并逐步形成较为健全的法律体系。

（二）政府采用疏堵结合的办法进行管理

政府在未成年人的网络保护问题上主要通过对网络市场进行管控以承担主要责任。未成年人网络安全问题是在网络市场的发展中产生的，网络市场输出控制是未成年人网络问题公共治理中首要解决的问题。为此，各国政府主要采取了“疏”“堵”的策略。“疏”是指政府帮助公众回避不良信息，为公众提供其他可供选择的信息来源。“堵”是利用技术手段及法律对网络内容“把关”，将不良内容阻截到特定群体的视线之外。各国根据本国的实际情况，在“疏”“堵”策略的实施上侧重有别，主要分为以下三种情况。

第一，以“疏”为主。例如，新加坡采用SBA分类许可证净化未成年人网络环境。英国、德国还有亚洲一些国家，采用了互联网内容的标签技术，给互联网内容分类贴上标签，然后过滤，从技术上保证内容符合国家法律法规，这个做法使互联网内容管理由被动走向主动。

第二，以“堵”为主。例如，韩国实行网络实名制，即要求用户在网络上发帖、跟帖以及上传照片和动态影像时需要确认居民身份，以纠正网络日益猖獗的不良行为，屏蔽不良信息，加大行政监控。

第三，“疏堵结合”。例如，美国为了加强对未成年人的网络保护，坚持“疏堵结合”策略。“疏”的策略指一方面实行对娱乐软件业的分级制度，将位于游戏产品包装背面的内容描述用特定的词汇描述，另一方面将位于游戏包装正面的等级标志划分为7级，使用对应的年龄段的首字母命名，严惩胡乱卖游戏的商店。“堵”主要是屏蔽不利于未成年人身心健康的网站。互联网普及率同样相当高的日本也采取了“疏堵结合”的管理策略。在“疏”的管理方面，日本政府采取征税制度，征收的税高，所以很少有人经营。因此，青少年只能在家或者学校上网，上网时都有人监督。而在“堵”的管理上，日本政府监督部门通过采取“网络监督日”的方法，检查互联网服务商的违法行为并做出处理。所以在一定程度上可以保障未成年人上网的安全性。

（三）发挥社会各方的联动作用

大部分网络终端都散乱地分布在社会中，这也是网络管理最薄弱的环节。社会组织、学校和家庭在未成年人的整个成长阶段中发挥着至关重要的作用。在未成年人网络保护问题的治理上，需要各方发挥联动作用，形成社会合理分工，实现优势互补。

社会民间组织、行业组织协助政府保护未成年人网络安全，并提供人道援助。比利时成立了名为“聚焦儿童”的民间组织。几年来，该组织不仅帮助寻找失踪儿童，为遭遇困境的儿童提供人道援助，还协助政府打击儿童色情犯罪，在打击针对儿童性犯罪方面起到了向警方传播信息、跟踪案例、实施监督等作用，得到公众的充分肯定。

除社会组织主动提供人道援助之外，美国政府也为社会组织主动承担社会责任提供驱动力，并与普通民众、行业组织协调监管。如美国电脑伦理协会制定的“十诫”、美国互联网保健基金会的网站规定的八条准则等。此外，对行业组织的自觉行为给予鼓励。在客观上，政府和社会组织的协调监管为未成年人的网络安全提供了有效保障。在主观上，未成年人自身网络安全意识的提高则依靠学校的教育和家庭的引导。

学校是未成年人重要的学习生活场所，在未成年人网络问题的治理中起着至关重要的教育预防的功能。学校要提高网络保护安全教育水平，对未成年人网络保护主要分为两个层面：其一是教育层面，即提高未成年人网络安全意识和自我保护意识。例如，英国的学校给孩子们的作业负担少，丰富的课外活动占据了绝大部分时间，因此，减少了未成年人沉迷网络成瘾的现象。而在法国，实行校长负责制。校长是本校网络使用的负责人，负责采取相关措施并根据教育部编制的未成年人安全指南，向教学负责人提供网络安全信息。从而通过教学将网络安全信息传递给学生，提高网络安全意识。其二是技术层面，即学校通过技术手段保护未成年人上网安全。例如，英国政府无偿提供给学校未成年人上网安全的过滤技术，通过安装过滤器，保护未成年人上网安全。法国加强校园网保护措施主要表现为，在校园网上安装网页浏览自动监控装置，限制学生的上网范围。

家庭发挥对未成年人的引导作用。家庭是未成年人最重要的物质和精神寄托地，在未成年人的网络保护工作中起着引导力和控制力的作用。首先，要提高家长的网络安全意识和认知水平，丰富家长对于未成年人网络保护的相关知识。许多法国专家认为，如果孩子不能自律，任何技术性的和人为的强制措施对孩子的约束都不会完全有效。为了帮助家长保护子女远离网络不良内容，“互联网与未成年人”网站上开设了家长辅导专栏。其次，家庭要发挥对未成年人的正确引导和监管作用。例如：在法国，家庭指导孩子正确利用网络方面的措施效果显著，家长会与孩子制定家庭公约。公约主要包括电脑放置的地方、每人每天使用电脑的时间及使用电脑与学习、体育锻炼时间的分配等，而且双方都要自觉遵守。在日本，父母会对其未成年子女上网进行必要的监督和引导。家长了解和监控子女的上网情况，正确地引导孩子的网络行为。控制青少年上网的时间，防止他们沉湎于网络；教导孩子正确认识网络，防止他们不当使用网络或者登录色情网站。

儿童性剥削制品的举报—处理机制探究：以英、美两国为例

牛帅帅 冯予乔*

儿童性剥削制品（在许多国家的司法语境中常被称为儿童色情制品）是指以儿童、青少年或者任何明显可被视为儿童或青少年的人物或表现形式（如卡通、漫画中的儿童形象）为对象，实施的诸如性交、展示身体全部或部分、手淫类等任何性活动的行为的描述，并通过电影、录像、游戏软件或照片、图片等形式在计算机或者其他社交媒体上进行的展示。虽然在大部分国家的司法语境中，最常使用的“儿童色情制品”一词。但国际社会越来越形成了一种共识：“儿童色情”“儿童色情制品”等概念对儿童有污名化，这些概念构成对儿童的歧视。为此，本文中使用“儿童性剥削或性虐待材料”取代“儿童色情制品、材料”。儿童性剥削材料的制作、复制、出售、传播等行为都构成对儿童的性剥削，大多数国家的法律都将其作为犯罪处理，并规定相应的刑罚。在有些国家，儿童性剥削材料的持有、浏览、下载等行为也构成犯罪。

随着互联网的发展、手机等移动终端设备的普及，儿童性剥削材料的制作和传播更为便利，网络也成了儿童性剥削制品的泛滥之地。根据英国网络监督基金会（IWF）报告称，仅一个月间，英国有超过800万次网络请求企图访问儿童色情内容。而美国的国家失踪和受剥削儿童中心显示，中心每年会审查超过2500万的涉嫌儿童色情的图像。儿童性剥削制品给儿童带来的危害同样不容小视。很多情况下，受害儿童会遭受性犯罪者的性剥削、暴力等实际人身犯罪。由于图像通过互联网等方式传播，儿童会面

* 作者单位：北京青少年法律援助与研究中心。

对自己的色情内容可能会在网络上永久存在的现实，同时给儿童心理层面带来伤害。因为具有信息通信技术的“加持”，相比传统的、线下的儿童性剥削，线上儿童性剥削具有传播速度快、传播范围广、影响难以控制等特点。如在韩国的“N 号房”事件，被害人的照片或者视频一旦被上传到网络，就会被无数次的浏览、复制、转发。

有效的举报和处理机制是预防和惩治线上儿童性剥削制品相关违法犯罪的重要前提。目前，为了预防和打击儿童性剥削制品，除了受害方有权要求网络服务提供商对侵权内容采取删除、断开连接等干预措施外，许多国家法律都规定了个人、公众及网络服务提供商等主体对儿童线上色情和性剥削内容的举报责任。目前，在一些政府以及民间社会的共同努力下，已经建立起了许多国家的或者区域甚至国际的儿童性剥削制品的举报和处理机制。本文以英国的网络监督基金会和美国国家失踪和受剥削儿童中心的举报和处理机制为例，对机制的结构和运行进行介绍，以期对我国相关机制的建立和完善提供参考。

一、英国的网络监督基金会

英国的网络监督基金会（Internet Watch Foundation），以下简称 IWF，是一家致力于为公众提供针对儿童性剥削制品等违法内容线上举报平台和通知网络信息提供商删除违法内容的非政府组织。1996 年，英国大都会警察告知互联网服务提供商协会（ISPA），英国互联网服务提供商（ISP）携带的内容中含有儿童不雅图片。警方认为，互联网服务提供商有可能违反了 1978 年的《儿童保护法》。在内政部、大都会警察局、互联网服务提供商和安全网基金会讨论后，最终制定了 R3 级别“安全网协议”，从而建立了此基金会，以打击儿童性剥削图片和成人色情内容。IWF 在英国执法部门和皇家检察署的支持下，与政府展开合作，为个人或组织提供举报儿童色情内容的平台和全国热线。IWF 代表英国执法机构对被举报的色情内容进行判断、评估和审查，协助网络服务提供商，预防、阻止不法分子滥用其网络系统，上传、传播儿童色情内容，支持英国及国际执法人员定位和起诉罪犯。2003 年皇家检察署（CPS）与国家警察总长理事会签订的《关于 2003 年刑法罪法第 46 条的备忘录》中，授权 IWF 作为一个报告、评估和删除互联网上儿童性剥削内容的相关“权力”机构。迄今为止，IWF 已发展成为一个拥有 140 家会员的国际非政府组织。而且 IWF 与警察部门、政府、公众、网络服务提供商都建立了非正式的合作关系，亚马逊、微软等大型互联网平台都是其合作伙伴。

（一）线上举报通道及内部检查

IWF 在其网站上建立了“举报”通道，用户可以匿名且秘密地举报其在网站、邮件、论坛/贴吧等网络空间发现的儿童性剥削图像和视频以及电脑合成的儿童性剥削影像。

IWF 除了接收来自公众的举报投诉、警察部门、INHOPE 热线移送的案件外，IWF 的员工还会主动监测互联网上的儿童性剥削材料。以 2019 年为例，IWF 主动发现的儿童性剥削制品占其全年处理量的 56.62%，其次是来自公众的举报，占 41.77%。在公众举报中，89%是匿名举报。可见，平台的匿名举报机制对于鼓励用户举报违法内容具有积极的促进作用。

（二）对举报内容的分析与处理——通知与删除

IWF 的线上举报平台接收到举报后，将对被举报的内容进行分析和审查，追踪其所在的互联网服务器的位置（分为英国和非英国地区），作出相应的删除违法内容或通知当地执法部门的行动。具体的操作流程如下（见图 1）。

对来自不同渠道举报的儿童性剥削制品内容，IWF 的专业分析师再进行人工审查，依据《保护儿童法》《性犯罪法案》等法律法规判定内容是否违法或构成犯罪，并根据《量刑委员会的性犯罪权威指南》的规定，将儿童色情制品分为 A、B、C 三个不同等级。IWF 的评估及审查结果一直以来受到执法部门及网络服务提供商的认可和信赖。

一旦确立举报内容违法且传播服务器位于英国，IWF 会与英国的执法机构合作，和警方一起对相关网络服务提供商发出删除通告。同时，IWF 也会保留证据，协助警方调查。删除通告的对象是所有的违法内容服务器在英国的公司，其中包括网络服务提供平台、线上文件存储平台和社交网络。根据英国 2002 年《电子商务（EC 指令）条例》如果互联网服务提供商收到删除通知，对服务器上含有儿童色情内容知情，但并未迅速采取行动删除或禁止对此类内容的访问，则将承担相关责任。

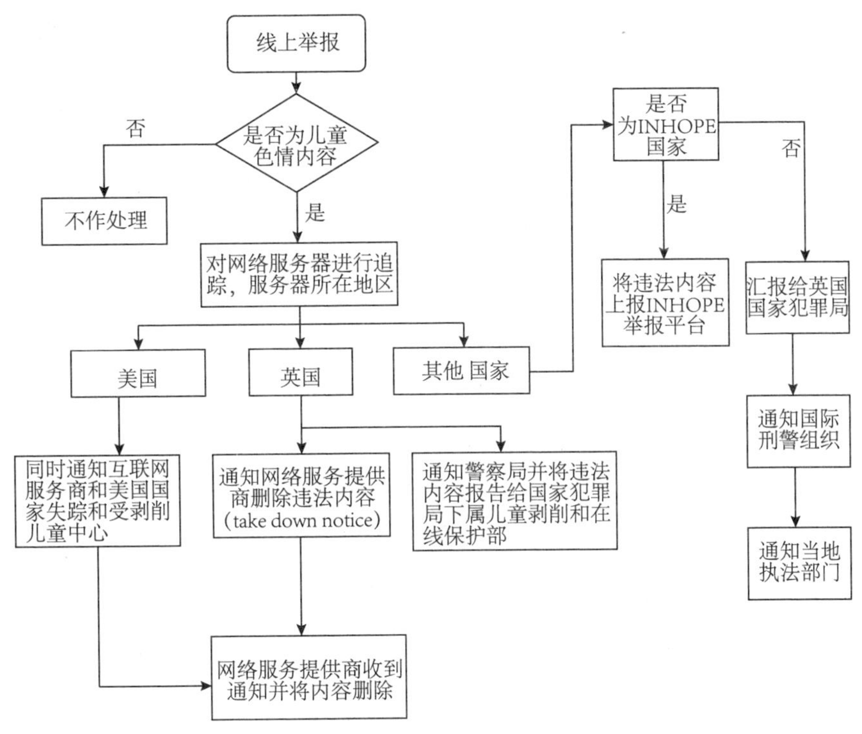

图 1　IWF 线上举报平台操作流程

（三）打击儿童性剥削制品的国际合作

针对服务器位于非英国地区的，IWF 的处理渠道根据服务器所处国家不同而有所不同。如果服务器在美国，IWF 将同时通知美国的网络服务提供商和美国国家失踪和受剥削儿童中心，由中心再对举报内容进行处理。而对服务器在美国以外的其他国家，IWF 协助建立了国际互联网热线协会（International Association of Internet Hotlines，简称 INHOPE）。该协会汇集了全球 41 个国家的 46 条举报热线，致力于打击线上儿童性虐待内容，提供一个国际平台使公众和工作人员可以进行投诉，分享调查流程、统计数据的标准化报告等信息和经验。在接到举报后，INHOPE 会通知服务器所在国执法部门，通知互联网服务提供商删除违法内容。

IWF 作为一个国际组织，与国际上儿童保护组织、国家和当地政府均有合作关系，帮助当前未设立举报热线的国家建立国家专属的举报热线，在2019年IWF与尼泊尔当地和其他机构合作共同建立了线上儿童安全网站（Online Chid Safety），用来提供举报平台，为被侵害儿童提供法律援助。此外，IWF与利比里亚政府、当地儿童保护组织一起创建了网络安全加强日（Safer Internet Day）和线上举报平台。

经过IWF与警方的不懈努力，目前仅有0.12%的儿童色情内容传播服务器位于英国境内（1996年时，这一比例是18%），35%的违法内容在被告知的1小时内删除。此外，INHOPE平台报告称在2014年欧洲93%以及世界91%的儿童性剥削内容均在72小时内删除。由此可见，建立、完善线上举报平台对打击“线上”儿童性剥削是有效且必要的。

在2019年，IWF的分析师删除了多达13万以上的涉嫌儿童性虐待的网页。受害儿童中，10岁以下的受害人占46%，两岁及以下的受害儿童占1%。所涉及的性虐待图片中，92%的受害人为女童，42%的图片归属于儿童性虐待图像或视频、电脑合成儿童性虐待图像两类。

二、美国国家失踪和受剥削儿童中心

美国国家失踪和受剥削儿童中心（National Center for Missing and Exploited Children）（以下简称NCMEC），是建于1984年的非营利性组织，着重于失踪儿童家庭团聚，打击儿童性虐待、剥削等儿童保护工作。根据联邦法案U.S.C. § 2258A：“电子通信服务提供商或远程计算服务必须在其系统中发现明显的儿童色情内容时向国家失踪和受剥削儿童中心报告。”而网络服务提供商如果故意知情不报，则将面临15万至30万美元的处罚与IWF相似，NCMEC也有自己的电话热线与网上举报平台（CYBERTIPLINE），方便公众、企业对线上儿童性剥削图像、视频等及时报告。其举报流程与IWF大体类似。与IWF不同的是，NCMEC与美国立法和执法机构的合作更为密切，对政府部门也有一定的协助请求权。据NCMEC数据显示，仅一个月内，机构收到关于儿童“线上”性剥削的举报已达400万条以上。NCMEC虽然是一个非政府组织，但其在履行职责方面，与政府有着密切合作。美国国会每年会对NCMEC拨款资助。美国2008法案US CODE TITLE 42提出对NCMEC的年度拨款应用于以下几方面：

（1）开通24小时全国免费热线；

（2）在全国范围内传播有关有利于解决失踪和受剥削儿童问题的创新和示范方案、服务和立法的信息；

（3）在预防、调查、起诉和处理涉及失踪和受剥削儿童的案件方面，向执法机构、州和地方政府、刑事司法系统各部门、公私非营利机构和个人提供技术援助和培训；

（4）向家庭和执法机构提供援助，查找和找回失踪和被剥削的儿童；

（5）向执法机构提供分析支助和技术援助，方法是搜索公共记录数据库，查找和找回失踪和受剥削的儿童，帮助查找和查明绑架者；

（6）在儿童绑架和剥削案件中向执法机构提供直接的现场技术援助和咨询；

（7）向执法机构提供识别和定位违规性犯罪者的培训和协助；

（8）建立线上举报平台，为在线用户和电子服务提供商提供一个有效的手段，报告互联网上有关儿童性剥削的内容，并随后将此类报告，包括相关图像和信息发送给适当的国际、联邦、州或地方执法机构进行调查；

（9）与执法部门、互联网服务提供商、电子支付服务提供商和其他方面合作，研究减少在互联网上传播受性剥削儿童的图像和视频的方法；

（10）制定并向公众、学校、政府官员、青年服务组织和非营利组织传播计划和信息。

此外，国会对向 NCMEC 热线或网上举报平台（CYBERTIPLINE）举报也有详细的规定。美国联邦法案 U. S. C. § 2258A 提出，在收到举报后，NCMEC 应分别向以下组织报告：

（1）任何参与调查儿童性剥削、绑架或引诱犯罪的联邦执法机构；

（2）参与儿童性剥削调查的任何州或地方执法机构；

（3）指定的外国执法机构，或与联邦调查、移民和海关执法局或国际刑警组织合作并参与儿童性剥削、绑架调查的外国执法机构。

除了报告之外，在儿童色情内容的保存上，该法案也作了详细的规定。NCMEC 收到的被举报内容都应保存 90 天，同时，互联网服务提供商应保存任何合理可用的视觉描绘、数据或其他数字文件，并可以提供有关所举报材料或人员的背景信息或其他信息。在立法上，国会也赋予了 NCMEC 一定请求政府协助的权利。例如，联邦法案 U. S. C. § 3056. 表示在国土安全部部长的指导下，特勤局应当响应国家失踪和受剥削儿童中心的请求，提供法医和调查协助。由此可见，国会与 NCMEC 的合作十分密切。在 IWF 2019 年的年度报告中，北美地区儿童性剥削传播服务器从 16% 下降至 9%，法律要求的强制报告制度与便利的举报平台对此功不可没。

三、我国儿童性剥削制品线上举报平台

在我国，目前尚未建立专门针对儿童性剥削制品的举报和处理平台和机制。但是，现有法律已经明确规定了相关主体的权利和义务。《民法典》第一千一百九十五条规定，网络用户利用网络服务实施侵权行为的，权利人有权通知网络服务提供者采取删除、屏蔽、断开链接等必要措施；网络服务提供者接到通知后，应当及时将该通知转送相关网络用户，并根据构成侵权的初步证据和服务类型采取必要措施；未及时采取必要措施的，对损害的扩大部分与该网络用户承担连带责任（通知—删除义务）；《网络安全法》第四十七条规定，网络运营者应当加强对其用户发布的信息的管理，发现法律、行政法规禁止发布或者传输的信息的，应当立即停止传输该信息，采取消除等处置措施，防止信息扩散，保存有关记录，并向有关主管部门报告（安全管理及报告义务）；《互联网信息服务管理办法》第十五条规定，互联网信息服务提供者不得制作、复制、发布、传播散布淫秽、色情、赌博、暴力、凶杀、恐怖或者教唆犯罪的内容。第十六条规定，明显属于本办法第十五条所列内容之一的，应当立即停止传输，保存有关记录，并向国家有关机关报告。

目前，关于儿童性剥削制品可以通过现有的色情/淫秽信息举报平台进行举报。用户、个人、网络服务提供商，发现儿童性剥削材料或者怀疑为儿童性剥削制品的可以通过以下几种途径进行举报：

（一）中央网信办违法和不良信息举报中心

网址：https：//www.12377.cn/；电话：12377。用户登录网站填写相关内容后，即可点击提交。用户根据自己意愿可以以注册举报、实名举报、匿名举报等不同形式提交举报内容。

（二）中国扫黄打非网举报平台

中国扫黄打非网也设立了线上举报平台，其中有一个入口是专门针对淫秽色情信息的举报。网址：http：//www.shdf.gov.cn/shdf/channels/740.html；电话：12390。进入该平台后，用户在举报类型一栏可以选择淫秽色情网站、微信或微信群、QQ或QQ群、淫秽色情App进行举报。但是关于举报后的处理流程，在该网站上并未找到相关信息。

（三）公安部网络违法犯罪举报平台

网站：http：//www. cyberpolice. cn/wfjb/impeach. do。根据网站的“举报须知”，网站受理涉嫌违反《全国人民代表大会常务委员会关于维护互联网安全的决定》《刑法》《治安管理处罚法》《互联网信息服务管理办法》等法律法规有关条款规定，利用互联网或针对网络信息系统从事违法犯罪行为的线索，其中包括利用互联网建立淫秽色情网站、网页，提供淫秽站点链接，传播淫秽色情信息，组织网上淫秽色情的行为。

四、结语

目前，相比英、美两国已经运作比较成熟的儿童性剥削制品的举报和处理机制，我国尚未建立专门针对未成年人性剥削制品的举报机制，儿童性剥削制品仍然是与其他淫秽、色情制品通过相同的途径和渠道来举报、处理的。通过对以 IWF 和 NCMEC 为代表的英、美两国的儿童性剥削制品的举报和处理机制的介绍，本文以为，其对我国具有以下几点参考意义。

（一）多方利益相关者协作

打击和处理儿童性剥削制品犯罪离不开政府、企业、社会组织的合作以及公众的广泛参与。无论是英国的 IWF 还是美国的 NCMEC，虽然其性质上属于非政府组织，但其与政府、执法部门、企业等不同利益相关者都建立了紧密的合作伙伴关系，并在其中发挥协调作用，甚至在一定程度上得到执法部门的授权，具有一定的“执法权”，保障了其工作的有效开展。另外，他们与网络服务提供商之间的合作关系及“默契”，使得在“通知—删除”过程中避免了不必要的拖延与障碍。

（二）迅速、及时处理违法内容

儿童性剥削制品一旦借助互联网进行制作、传播，其传播范围和影响面就很难得到有效控制，每传播一次，就会给受害儿童造成一次伤害，越早及时发现并阻断其传播，越有利于减轻对被害人的伤害并及时对施害人进行惩治。因此，有效的举报和处理机制显得尤为重要。以 IWF 为例，它建立了便于公众操作、使用的举报平台，而且依托大量的专业人员、分析师对网站内容进行自检、及时对举报信息进行处理。此外，与政府执法部门、网络服务供应商（包括但不限于英国范围内）都建立起了密切合作关系，保证发现儿童性剥削制品后，能够及时、有效处理。而且INHOPE的存在，也提升了不同国家、区域间的合作效率。

（三）“儿童性剥削制品”分类

英、美两国对“儿童性剥削制品”都进行了分类，如英国的《量刑委员会的性犯罪权威指南》中根据图像显示内容不同，将其分为A、B、C三类，每一类所对应的严重程度和对行为人的处罚都不同，为实践中相关主体迅速判断、审查提供了便利。

以上几点为我国建立专门的针对性侵害和性剥削儿童的举报和处理机制都提供了相应借鉴。

2021年中国审判指导丛书征订单

银行汇款方式：

开户银行：工行王府井金街支行

账号：0200000709004606170

开户名称：人民法院出版社有限公司

行号：102100000072

邮箱：fysgzzz@163.com

邮局汇款方式：

邮编：100745

地址：北京市东城区东交民巷27号人民法院出版社

联系人：王玺佳 010－67550536/18601031761

靖存锴 010－67550595/18601032892

传真：010－67550541

订购单位			联系人			
联系电话			邮编			
详细地址						
电子邮箱		纳税人识别号				
代号	书名	全年辑数	定价	邮费	合计	订购份数
202123	《刑事审判参考》	六辑	408.00	61.20	469.20	
202113	《民事审判指导与参考》	四辑	272.00	40.80	312.80	
202114	《商事审判指导》	两辑	136.00	20.40	156.40	
202115	《立案工作指导》	两辑	136.00	20.40	156.40	
202116	《审判监督指导》	四辑	272.00	40.80	312.80	
202117	《知识产权审判指导》	两辑	136.00	20.40	156.40	
202118	《涉外商事海事审判指导》	两辑	136.00	20.40	156.40	
202119	《环境资源审判指导》	两辑	136.00	20.40	156.40	
202120	《中国少年司法》	四辑	272.00	40.80	312.80	
202121	《执行工作指导》	四辑	272.00	40.80	312.80	
202122	《国家赔偿与司法救助办案指导》	两辑	136.00	20.40	156.40	

中国审判指导丛书

——各级人民法院审判工作权威参考指导用书

《刑事审判参考》（代号：2021123）：最高人民法院刑事审判第一庭、第二庭、第三庭、第四庭、第五庭共同主办。自2021年起，丛书由人民法院出版社出版发行，作为《中国审判指导丛书》的重要组成部分。丛书自1999年4月创办以来，秉承立足实践、突出实用、重在指导、体现权威的编辑宗旨，在编辑委员会成员、作者和读者的共同努力下，密切联系刑事司法实践，为刑事司法人员提供了有针对性和权威性的业务指导和参考，受到刑事司法工作人员和刑事法律教学、研究人员的广泛欢迎。丛书主要收录指导案例、刑事司法规范及其理解与适用、刑事政策及其解读、理论前沿、实务探讨、编辑部答疑、经验交流、疑案争鸣等内容。2021年，作者将对丛书的体例、栏目设置及相关内容等进行完善和提升，力求以全新的面貌将更权威、实用的内容展现给读者。全年6辑，每辑68元，共408元。

《民事审判指导与参考》（代号：202113）：最高人民法院民事审判第一庭编。丛书收录最高人民法院关于民事审判工作的司法解释及其理解与适用、指导意见和最新政策精神及其解读、民事审判会议纪要、最高人民法院典型案例评析、示范性裁判文书、实务研讨、理论研究、各地方法院经验交流等内容，旨在传播最高人民法院和地方各级人民法院的优秀民事审判工作经验，对最新疑难经典案例进行探讨与解析，提供审判实践中解决疑难问题的思路，是最高人民法院民事审判第一庭履行对下指导职责的工作平台。全年4辑，每辑68.00元，共272.00元。

《商事审判指导》（代号：202114）：最高人民法院民事审判第二庭编。丛书刊登最高人民法院关于商事审判工作的指导意见、司法解释及其理解与适用、典型案例评析文章、示范性裁判文书、地方实务调研成果、理论研究文章等。丛书对各级人民法院商事审判工作具有重要指导作用和参考价值。全年2辑，每辑68.00元，共136.00元。

《立案工作指导》（代号：202115）：最高人民法院立案庭编。丛书主要收录有关立案的司法解释理解与适用、各级人民法院立案工作的实践经验、调研报告和案例评析等。丛书对各级人民法院立案工作具有重要指导作用和参考价值。全年2辑，每辑68.00元，共136.00元。

《审判监督指导》（代号：202116）：最高人民法院审判监督庭编。丛书主要收录关于审判监督工作的司法解释及其理解与适用、最新的政策与精神及其解读、最高人民法院案例评注、典型案例、会议纪要、优秀裁判文书、业务交流等内容。另外，还设置了审监信箱，回应全国法院审判监督工作中的疑难问题。丛书对各级人民法院审判监督工作具有重要指导作用和参考价值。全年4辑，每辑68.00元，共272.00元。

《知识产权审判指导》（代号：202117）：最高人民法院民事审判第三庭编。丛书主要内容包括知识产权审判政策与精神、司法解释理解与适用、调研报告和案例评析，以及反映知识产权审判动态的专题论述和优秀裁判文书等。丛书对各级人民法院知识产权审判工作具有重要指导作用和参考价值。全年 2 辑，每辑 68.00 元，共 136.00 元。

《涉外商事海事审判指导》（代号：202118）：最高人民法院民事审判第四庭编。丛书收录当年出台的司法解释、司法指导性文件以及涉外商事案件相关问题的批复和案例评析，重点收录最高人民法院对高级人民法院有关国际商事仲裁裁决司法审查法律问题请示的复函，并附有高级人民法院的请示。丛书对各级人民法院涉外商事海事审判工作具有重要指导作用和参考价值。全年 2 辑，每辑 68.00 元，共 136.00 元。

《环境资源审判指导》（代号：202119）：最高人民法院环境资源审判庭编。丛书收录有关环境资源审判最新司法政策与精神、司法解释、环境资源部门规章和环境资源刑事、民事、行政典型案例及其释评；同时，还视情约请全国法院资深法官或者学界著名专家对有关环境资源审判热点问题进行深度研讨。丛书对各级人民法院环境资源审判工作具有重要指导作用和参考价值。全年 2 辑，每辑定价 68.00 元，共 136.00 元。

《中国少年司法》（代号：202120）：最高人民法院少年法庭指导小组编。丛书设置了有关少年司法工作的政策与精神、法官论坛、改革与探索、理论与实务研究、典型案例、裁判文书以及规范性文件等栏目。丛书的出版，旨在切实加强对少年司法工作相关问题的研究、加强对全国少年法庭工作的指导、强化相关方面的调查研究和理论探讨。丛书对各级人民法院少年审判工作、相关政法部门少年司法执法工作和有关社会组织的未成年人权益保护工作，都有重要的指导作用。全年 4 辑，每辑 68.00 元，共 272.00 元。

《执行工作指导》（代号：202121）：最高人民法院执行局编，自 2019 年起由人民法院出版社出版发行。丛书对我国目前执行工作中的重点、热点和难点问题，从不同角度进行理论研究和实践经验的提炼与总结；同时，丛书紧紧围绕最高人民法院执行工作大局，紧密结合执行工作理论与实践，为全国广大法官以及其他法律职业者提供及时、权威的执行工作业务指导和参考，对正确理解相关规定、统一执法标准和破解执行难问题具有重要指导作用。全年 4 辑，每辑 68 元，共 272 元。

《国家赔偿与司法救助办案指导》（代号：202122）：最高人民法院赔偿委员会办公室编。编委会成员分别由全国人大法工委国家法室、最高人民法院赔偿委员会办公室、最高人民检察院刑事申诉检察厅、公安部法制局、司法部法制司、财政部条法司等部委工作人员组成，收录了国家赔偿与司法救助相关的政策、法律法规、司法解释及其理解与适用，有普遍指导意义的请示案件及其答复，重大新型疑难案例评析，国家赔偿理论与实务研究，国家赔偿工作调研报告，地方国家赔偿工作动态等内容，集中反映最高人民法院、最高人民检察院等单位对于国家赔偿工作重要政策、观点、理论研究和实践指导的意见，对国家赔偿与司法救助工作具有重要的指导作用和参考价值。全年 2 辑，每辑 68 元，共 136.00 元。